DIE WEHRMACHT
IM KAMPF
BAND 32

JÖRG STAIGER

ANZIO-NETTUNO

Eine Schlacht der Führungsfehler

Mit 9 Karten

NECKARGEMÜND 1962

KURT VOWINCKEL VERLAG

Copyright 1962 by Scharnhorst Buchkameradschaft GmbH
Neckargemünd
Gesamtherstellung Paul Christian, Buchdruckerei, Horb
Zeichnungen: Gottfried Wustmann, Schwieberdingen

INHALTSVERZEICHNIS

KARTENSKIZZEN

Vorwort

Amphibische und triphibische Unternehmungen stehen heute
neben Fragen des Atomkrieges im Brennpunkt militärischer
Überlegungen. Ein Studium der Landungsunternehmungen
während des Zweiten Weltkrieges ist daher von allgemeinem
Interesse.

Diese Studie greift eine der zahlreichen Landungen, die die
Anglo-Amerikaner im Mittelmeerraum ausführten, heraus:
A n z i o - N e t t u n o im Januar 1944.

Die Landung bei Anzio-Nettuno ist deswegen besonders in-
struktiv, weil sie als einzige das gesteckte Ziel, das heißt die
deutsche Abwehr zu zerschlagen und operative Bewegungs-
freiheit zu gewinnen, nicht erreichte.

Dieser Angriff, den der Gegner mit so vielen Erwartungen
verband und dem das Kriegsglück eine einmalige Ausgangslage bescherte, kam nicht in Fluß, das gezückte Schwert stieß
nicht zu. Aber auch deutscherseits endeten alle Anstrengungen,
diesen Landekopf zu zerschlagen, in einem Mißerfolg.

Beide Seiten sammelten viele bittere Erfahrungen. Die
Anglo-Amerikaner machten sie sich bei der großen Invasion
in Frankreich zunutze, bei der obersten deutschen Führung
blieben sie wenig berücksichtigt.

Die Opferbereitschaft aller Soldaten in und um den Landekopf war bewundernswert; menschliche Unvollkommenheit
auf beiden Seiten gab der über 6 Wochen andauernden Schlacht
ein einmaliges Gesicht.

Zu der Darstellung der Kämpfe ist zu bemerken, daß diese
erste ausführlichere deutsche Wiedergabe nicht den Anspruch
auf Vollständigkeit erheben kann, da der Verfasser keinen Zugang zu den Kriegstagebüchern höherer deutscher Kommandostellen hatte; ihre Beschaffung aus Amerika stieß auf unüber-
windliche Schwierigkeiten. Hier sei daher besonders Herrn

Oberstleutnant i. G. Dr. Schnell, zur Zeit deutscher Militär-
attaché in Rom, gedankt, der dem Verfasser seine Sammlung
von Auszügen aus Ia-Befehlen, Gefechtsberichten und Ib-Mel-
dungen der 3. Panzer-Grenadier-Division zur Verfügung stellte
und damit dem Buch einen authentischen Rückhalt gab. Mein
weiterer Dank gilt all denen, die laut Quellenverzeichnis ihre
Studien und Unterlagen zur Auswertung freigaben. Der Verfasser selbst nahm an den Kämpfen um den Landekopf als
Kommandeur der II./Panzer-Regiments 26 vom 25. 1. 1944
bis Anfang Mai 1944 teil.

Wenn auch in diesem Buch vornehmlich über die Pro-
blematik der Kämpfe um den Landekopf berichtet wird und
damit das Bild von der Einsatzbereitschaft und Pflichterfüllung
des einzelnen Soldaten in den Hintergrund tritt, so ist das
Leitmotiv für dieses Buch doch die Erinnerung an die vielen
gefallenen Kameraden gewesen.

Heidelberg, im März 1962.

Jörg Staiger

Der Verfasser vertritt die Auffassung, daß auch ein Landungsunternehmen den Grundsätzen über die Führung eines Angriffes unterliegt. Die deutsche Truppenführung HDv 300/1 in der Fassung vom 17.10.1933 forderte unter anderem:

1. Der Angriff geht dem Gegner entgegen, um ihn niederzuwerfen, er schreibt ihm das Gesetz des Handelns vor. (39)

2. Ein Auftrag, der mehrere Aufgaben stellt, lenkt das Augenmerk leicht von der Hauptsache ab. (36)

3. In den Wechselfällen des Krieges kann starres Festhalten am Entschluß zum Fehler werden. (37)

4. Überraschung des Gegners ist ein ausschlaggebendes Mittel zum Erringen des Erfolges. Handlungen, die sich auf Überraschungen gründen, pflegen jedoch nur dann erfolgreich zu verlaufen, wenn dem Gegner keine Zeit gelassen wird, wirksame Gegenmaßnahmen zu treffen. (32)

5. Die Umfassung muß die Hauptkräfte des Feindes in entscheidender Richtung zu treffen suchen.
   Eine tiefe, bis in den Rücken reichende Umfassung des einen oder beider feindlicher Flügel kann zur Vernichtung des Gegners führen. (316)

6. Die Umfassung setzt die Fesselung des Feindes in der Front voraus. (317)

7. Gegen einen Gegner, der hinhaltenden Widerstand leistet, kommt der Angreifer am raschesten zum Ziel, wenn er an einer Stelle mit starken Kräften angreift. Stößt der Angriff schnell und tief durch, dann räumt der Gegner am ehesten die ganze Front. (409)
   Für die Abwehr von Landungsunternehmen enthält die deutsche Truppenführung keine besonderen Vorschriften. So basierte die Führung der Abwehr bei Anzio-Nettuno auf

Leitsätzen für „Bewegungsgefecht", „Abwehr an Flüssen und anderen Gewässern" und „Abwehr".

Dem Verfasser ist nicht bekannt, ob noch während des Krieges von der deutschen Wehrmacht Führungsgrundsätze für die Zerschlagung von Landungen herausgegeben worden sind.

Das Landungsunternehmen „Shingle"
(Aushängeschild) wird geboren

Nachdem die Alliierten im Jahre 1943 den Beschluß gefaßt hatten, Deutschland durch eine Invasion über den Ärmelkanal („Overlord") in die Knie zu zwingen, mußte der Kampfraum Mittelmeer dieser Planung nachgeordnet werden. Da aber andererseits bis zum Beginn von „Overlord", im Frühjahr 1944, nicht die gesamte Kampflast gegen Deutschland dem russischen Partner allein aufgebürdet werden konnte, behielt das Mittelmeer für die westlichen Alliierten als einziger Kriegsschauplatz gegen Deutschland zunächst seine besondere Bedeutung bei. Über den militärischen Wert dieses Raumes zur Niederringung Deutschlands liefen die Ansichten der Engländer und Amerikaner aber weit auseinander.

Auf englischer Seite war man des Glaubens, daß bei einer starken Kräftekonzentration und durch eine rasche Eroberung von Italien bis etwa zur Linie Pisa — Rimini die militärische Situation Deutschlands so zerrüttet würde, daß möglicherweise „Overlord", wenn auch nicht ganz entfallen, so doch als letzte Säuberungsaktion durchgeführt werden könnte. Vor allem der Einsatz der alliierten Luftwaffe von den norditalienischen Flugplätzen gegen Süddeutschland, hoffte man, würde den Zusammenbruch bringen. Des weiteren erwartete man von einer Einnahme Roms vor Beginn von „Overlord" wesentliche politische Rückwirkungen zum Vorteil der Alliierten. Es war daher stets das Bestreben der höheren britischen Führung, den Kampfraum Mittelmeer auf keinen Fall zu vernachlässigen.

Anders der amerikanische Partner, der nach dem einmal gefaßten Beschluß von „Overlord" sein ganzes militärisches Planen auf die Bereitstellung der Invasionsarmee in England ausrichtete und hierzu jeden nicht gerade auf einem anderen

Kriegsschauplatz dringendst benötigten Schiffsraum, jegliches Kriegsmaterial und jeden Soldaten heranzog. Die amerikanische Führung sah den Kampfraum Mittelmeer als einen Hilfskriegsschauplatz zur Bindung deutscher Truppen an. Hinzu kam, daß gewisse Hoffnungen, die in Italien eingesetzten deutschen Kräfte im Zuge der Kapitulation Italiens und mit einem gleichzeitigen Großangriff rasch vernichten zu können, sich als trügerisch erwiesen hatten[1]. Ein rascher Vernichtungsfeldzug auf dem italienischen Kriegsschauplatz neben „Overlord" erforderte ein Maß an Kräften und Material, zu dem man auch als Reicher noch nicht reich genug war. So mußte sich die 15. Army Group seit der Landung bei Salerno und der Öffnung des Hafens von Neapel mit der 5. US.-Armee und der britischen 8. Armee schrittweise in stetigem Frontalangriff gegen einen zähen deutschen Widerstand, in einem für den Verteidiger immer günstiger werdenden Gelände in Richtung Rom vorwärtsquälen. Die Aussichten Anfang Oktober 1943, Rom noch im gleichen Jahr einnehmen und damit den erwünschten politischen Erfolg für sich buchen zu können, rückten bei dieser Art des Angriffs und bei diesem Schneckentempo in unerreichbare Fernen.

Bis Ende Oktober 1943 hatten die 5. US.-Armee, an der Mittelmeerfront, und die 8. britische Armee, an der AdriaFront operierend, ihre Stellungen bis an den GariglianoVolturno-Sangro-Abschnitt herangeschoben, standen damit aber erst im Vorfeld der deutschen Winterstellung. (Skizze 1)

Nun fehlte es im Hauptquartier der 15. Army Group nicht an Plänen, diesem Vorwärtsquälen der beiden Armeen durch eine überholende Landung weit im Rücken der deutschen Front ein Ende zu bereiten und den Frontalangriff wieder in Schwung zu bringen. Die Durchführung einer solchen Landung

---

[1] Sprung von Sizilien auf das Festland und Landung bei Salerno 9. 9. 1943

in einer Größenordnung, von der man sich einen solchen Erfolg erhoffen konnte, war infolge unzureichenden Schiffsraumes, insbesondere von Speziallandungsschiffen, unmöglich. Bestenfalls stand Schiffsraum für die Verladung einer Division zur Verfügung. Eine Division aber weit im Rücken der deutschen Front zu landen, war sinnlos, da mit Sicherheit ein solches Unternehmen ohne Wirkung blieb und dem Totalverlust dieser Division gleichkam. So mußten sich die Pläne der Generäle Eisenhower und Alexander zu diesem Zeitpunkt auf Landungen hinter der deutschen Front in einer Tiefe beschränken, die es ermöglichte, innerhalb von etwa 48 Stunden eine Vereinigung des Landekopfes mit der frontal angreifenden Armee herzustellen. Eine grundlegende Änderung in dem bisherigen Angriffstempo konnte aber durch solche schwachen Flankenbisse nicht erwartet werden. So blieben diese ganzen Planungen im luftleeren Raum hängen.

Aus dem politischen Lager der westlichen Alliierten beobachtete man indessen mit sehr kritischen Augen den Kampfraum Mittelmeer, der Menschen und Material fraß, ohne sichtbare Erfolge zu bringen. Premierminister Churchill, der seine Lieblingsidee von „dem Angriff gegen den weichen deutschen Unterleib" nie aufgegeben hatte, schaltete sich alsbald mit einer herben Kritik gegen die führenden Militärs ein[1]. Daß somit jegliche Planung, die dem stagnierenden Angriff voranhalf, sein Wohlgefallen fand und besonders, wenn mit einem solchen Plan eine rasche Einnahme Roms in Aussicht stand, lag auf der Hand. So kam es, daß der 15. Army Group für ein größeres Landungsunternehmen in Churchill ein einmaliger Fürsprecher und Helfer erstand.

In einer ungemein geschickten und zähen Verhandlungstaktik auf den beiden Konferenzen in Kairo mit Roosevelt und bei der Verhandlung der „Großen Drei" in Teheran ver-

---

[1] Anhang — Quellen: I/1—Seite 127/28

stand es Churchill alsdann durchzusetzen, daß im Kampfraum Mittelmeer so viel Schiffsraum belassen bzw. zusätzlich
dorthin beordert wurde, daß noch vor Beginn von „Overlord"
ein Landungsunternehmen mit zwei verstärkten Infanterie-
Divisionen in erster Welle durchgeführt werden konnte. Es
kam Churchill allerdings dabei zu Hilfe, daß sich die Stabschefs in Washington im Einvernehmen mit den Politikern entschlossen hatten, zum Zeitpunkt von „Overlord" auch eine
Landung in Südfrankreich mit wenigstens zwei Divisionen
durchzuführen.

Immerhin dauerte das Feilschen um den Schiffsraum und die
Sicherstellung des Nachschubes von Anfang November bis zum
24. 12. 1943. An diesem Tage ging folgendes Telegramm der
„Stabschefs Mittelmeer" an die Kollegen in Washington zur
Bestätigung ab:

a) Der Rest der für die Andamanen bestimmten LST's (Landungsschiffe für Panzer) und andere Fahrzeuge sind ins Mittelmeer zu
beordern.

b) Alle Hilfsmittel, die im zentralen Mittelmeer rechtzeitig eintreffen, sind von dem alliierten Oberbefehlshaber Mittelmeer für
ein 2 Divisionen starkes Landungsunternehmen zu verwenden mit
dem Ziel, Rom zu erobern und den Vormarsch der Armeen zur Linie
Pisa — Rimini zu ermöglichen [1]).

Am 28. 12. 1943 gibt Roosevelt sein Einverständnis hierzu,
allerdings mit dem ausdrücklichen Vorbehalt, daß das Unternehmen „Overlord" hierdurch nicht verschoben werden darf,
das heißt, daß der aus dem Mittelmeerraum für „Overlord"
bestimmte Schiffsraum spätestens am 15. 1. nach England auslaufen muß. Diese termingebundene Verknappung an Schiffen
im Mittelmeer barg aber die Gefahr in sich, daß der Landekopf je nach Entwicklung der Lage nicht ausreichend mit
Nachschub versorgt werden konnte. Während vor allem die

---

[1]   Anhang — Quellen: I/1—Seite 131

Amerikaner starke Bedenken äußerten, verschloß sich Churchill weitgehend jeder diesbezüglichen Einsicht. So kann heute mit gutem Recht Churchill für sich in Anspruch nehmen, die Hebamme für das Landungsunternehmen „Anzio-Nettuno" gewesen zu sein.

Das zähe Ringen um das „Ja oder Nein" für dieses Unternehmen hat seine große Popularität noch erhöht. Wie bei einem Boxkampf in der x-ten Runde erwartete man von ihm das „... acht ... neun ... Aus!" über den Gegner. Die wirklichen Kenner dieses Gegners waren allerdings in ihren Erwartungen viel vorsichtiger gestimmt, zumal dieses „populäre Unternehmen" besondere Schwierigkeiten hinsichtlich seiner Eingliederung und Koordination von Zeit, Raum und Kräften mit anderen Planungen hervorrief.

Inzwischen war das Hauptquartier der 15. Army Group nicht untätig geblieben. Vorsorglich, unter Zugrundelegung des effektiv vorhandenen Schiffsraumes, erging am 8. 11. an die 5. US.-Armee der Befehl zur Planung einer Landung an der Westküste im Raum Anzio — Nettuno, 60 km südostwärts Rom. Deckname für dieses Unternehmen: „Shingle" = „Aushängeschild"[1].

Zur Ausarbeitung des Unternehmens, das als kombiniertes See-, Luft- und Landunternehmen unter dem direkten Befehl der 5. US.-Armee stand, wurde sofort in Caserta ein Planungsstab eingerichtet, der auch gleichzeitig alles Nachrichtenmaterial über den Landungsraum sammelte. Die als Landungstruppe vorgesehene 3. US.-Infanterie-Division wurde aus der Front herausgelöst, um sich frühzeitig auf ihre Aufgabe vorbereiten zu können.

„Aushängeschild" sollte die dritte Phase einer neuen Großoffensive gegen die deutschen Stellungen bilden, deren Ziel es

---

[1] Anhang — Quellen: I/6—Seite 288

war, im Januar 1944 in Rom einzumarschieren. Die erste Phase sah den Angriff der 8. britischen Armee gegen die deutschen Stellungen am Sangro vor, mit der Absicht, die Straße Nr. 5 als wichtigste deutsche Querverbindung von der Adriafront nach Rom zu sperren. Während dieser Angriff lief, sollte Ende November in der zweiten Phase die 5. US.-Armee mit einem Angriff über den Rapido an die Reihe kommen mit dem Ziel, über Cassino hinaus ins Lirital durchzustoßen und über Frosinone Rom zu erreichen. Hatte sich dieser Angriff Frosinone genähert, sollte als dritte Phase das Unternehmen „Aushängeschild" erfolgen, dessen Aufgabe es war, die Albaner-Berge in Besitz zu nehmen und so der 5. US.-Armee den Weg nach Rom offenzuhalten.

Diese Landung basierte somit in ihrer ersten Planung völlig auf einem erfolgreichen Frontalangriff an der Südfront. Große Erwartungen knüpfte man nicht an dieses Unternehmen, und die 3. US.-Infanterie-Division war sich klar darüber, daß dies ihre Vernichtung bedeuten konnte. Als Datum für den Start von „Aushängeschild" rechnete man mit dem 15. 12., das heißt, wenn alles planmäßig ablief, konnte man hoffen, Rom doch noch im Jahre 1943 einzunehmen.

Am 25. 11. genehmigte die 15. Army Group den von der 5. US.-Armee vorgelegten Landungsplan[1]. Aber bereits Anfang Dezember, als sich der Angriff der 8. britischen Armee vor der deutschen Abwehr am Sangro festlief, und als auch die 5. US.-Armee bei ihrem Angriff nur unter sehr großen Verlusten und ganz langsam gegen die Cassino-Stellung vorzurücken vermochte, erfuhr die Planung „Aushängeschild" eine grundlegende Änderung. Am 10. 12. schlägt die 5. US.-Armee vor, das Landungsunternehmen nicht weiter in Abhängigkeit von dem Frontalangriff, sondern als selbständigen, wirkungsvollen Flankenangriff zu führen[2]. Zu dieser taktischen Um-

Anlage — Quellen: [1] I/7—Seite 318 — [2] I/7—Seite 323/24 —

disposition mögen neben dem Fehlschlag der Angriffe beider Armeen nicht unerheblich die inzwischen auf der zweiten Kairoer Konferenz durchgeführten Beratungen über die Landung in Südfrankreich und die damit eingetretene Änderung in dem Verbleib von Schiffsraum im Mittelmeer beigetragen haben.

Am 6. 12. schreibt Premierminister Churchill an General Ismay[1]: „... in der Kampfpause nach der Eroberung Roms, welch letztere wir für den Januar erhoffen..." Dieser Äußerung kann unterstellt werden, daß man sich in der obersten militärischen Führung zu diesem Zeitpunkt bereits für ein größeres Landungsunternehmen angesichts der vergeblichen Frontalangriffe entschlossen hatte.

Trotzdem dauerte das Für und Wider zwischen Amerikanern und Briten um dieses Landungsunternehmen fort. Gewiß, die Amerikaner sahen ein, daß ein Landungsunternehmen in dieser Lage der einzige Ausweg war, andererseits sollte aber gerade ein so schwieriges Unternehmen mit möglichst geringem Risiko verbunden sein, das heißt, die gelandeten Kräfte mußten für die Deutschen eine wirkliche Gefahr im Rücken bedeuten. Für diese Forderung reichte aber wiederum der vorhandene Schiffsraum nicht aus.

Die britischen Führungsstellen, stärkstens unterstützt von Churchill, gaben sich optimistischer. So vertrat General Alexander als Oberkommandierender den Gedanken, daß den Deutschen durch die vorausgehenden ununterbrochenen Angriffe der alliierten Luftwaffe gegen die Nachschublinien die Möglichkeit genommen sein würde, rasch Reserven an den Landungsraum heranzuführen, somit das Unternehmen einen vollen Erfolg verbürge. Innerhalb von sieben Kampftagen nach Beginn der neuen Offensive der Südfront, so glaubte er,

---

[1] Anlage — Quellen: I/1—Seite 112

müßte es der 5. US.-Armee möglich sein, dem Landekopf die Hand zu reichen. Es genügte daher auch, eine Versorgung mit Kampf- und Nachschubmaterial für diesen Zeitraum zu planen, und hierfür jedenfalls stand genügend Schiffsraum zur Verfügung. Bedenken im britischen Lager äußerte allerdings der führende Admiral Cunningham, insofern er es ablehnen mußte, die Garantie für einen gesicherten Nachschub über See angesichts des Winters und der damit verbundenen schwierigen Wetterlage zu übernehmen. Mit einer Benutzung des kleinen Hafens Anzio konnte man nicht rechnen, wenigstens in den ersten Tagen nicht, sodaß alle Ausladungen über Strand vorzunehmen waren, was eine Erhöhung der Unsicherheit bedeutete.

Aber über alle Bedenken hinweg siegte am 24. 12. 1943 Churchills Devise: „Wer Rom hat, hat ganz Italien!"

Die Planung von „Shingle"

Mit dem Blickpunkt auf Rom und den mit dieser Stadt eng verbundenen politischen Prestigefragen ergab sich die Forderung, daß die Landungsstreitkräfte aus amerikanischen und britischen Truppen zusammengesetzt sein mußten. Zu der 3. US.-Infanterie-Division wurde als weiterer Teilnehmer an dem Unternehmen nunmehr die 1. britische (Garde-)Infanterie-Division ausersehen. Die Führung übernahm das VI. US. Corps unter General Lucas, das bereits an der Landung bei Salerno teilgenommen hatte.

Sehr rasch zeigte es sich, daß die Mischung von amerikanischen und britischen Truppen Führungsschwierigkeiten mit sich brachte, da trotz aller Verwandtschaft doch erhebliche Abweichungen in Führungsfragen, Truppenstärken und Aus-

18

rüstungen auftraten. Napoleons Satz: „Es ist leichter, Alliierte zu besiegen, als sie zu führen", traf auch hier zu.

Der Auftrag, den die 15. Army Group am 2.1.1944 in ihren Operation Instructions No. 32 für „Shingle" herausgab, lautete:

„Abschneiden der feindlichen Hauptnachschubwege im Raume der Albaner-Berge (Straße Nr. 6 und 7).

Bedrohung des rückwärtigen Gebietes des XIV. deutschen Panzer-Korps [1]."

In der Field Order No. 5 der 5. US.-Armee an das VI. US. Corps vom 12. 1. 1944 war dieser Auftrag weniger zielstrebig und weniger klar umrissen. Hier hieß es:

„Bilden eines Landekopfes im Raum Anzio-Nettuno,
Sicherung des Landekopfes, alsdann
in Richtung auf die Albaner-Berge vorgehen [2]."

Einen Einspruch gegen diese Auflösung und Abstufung des Befehls der 15. Army Group erhob jedoch, soweit bekannt, weder diese selbst, noch das Oberkommando Mittelmeer bei Vorlage der Gesamtplanung für „Shingle".

Beibehalten war wie bisher der zeitliche Ansatz im Rahmen der Gesamtoffensive, das heißt die Landung sollte am 22.1.1944 als letzter, dritter Schlag erfolgen, nachdem am 12.1.1944 das französische Expeditionskorps die Höhen nordwestlich Cassino, alsdann das X. britische Corps am 17. 1. über den Garigliano und das II. US. Corps über den Rapido am 20. 1. angreifen sollten. Zu diesem späten Zeitpunkt war zu erwarten, daß die im Landungsraum bereitgehaltenen deutschen Reserven bereits an der Südfront eingesetzt waren und damit „Shingle" einen leichten Start haben würde. Die massive Drohung im Rücken der deutschen Front mußte, so glaubte man, zur Folge haben, daß die deutsche Führung Kräfte von der Südfront wieder dorthin werfen würde und somit eine ausgezeichnete Wechselwirkung für beide Fronten eintreten würde, die den

---

[1] Anlage — Quellen: I/6—Seite 549
[2] a. a. O.

Durchstoß auf Rom wesentlich erleichtern mußte. Interessant ist die Feindlagebeurteilung des Nachrichtendienstes der 5. US.-Armee vom 16. 1. 1944. Wörtlich heißt es in diesem Bericht[1]:

„Innerhalb der vergangenen letzten Tage haben sich die Anzeichen vermehrt, daß die Feindkräfte vor der Front der 5. US.-Armee infolge der Verluste und Erschöpfung schwächer werden und die Kampfmoral absinkt. Einer der Gründe hierzu sind ohne Zweifel die vergangenen ununterbrochenen alliierten Angriffe. Es kann daher angenommen werden, daß der Gegner keine frischen Reserven und nur wenige erschöpfte hat. Er wird daher alle seine Kräfte nötig haben, um seine Verteidigungsstellung zu halten. Im Hinblick auf die geschwächten Kräfte des Gegners an der Front erscheint es zweifelhaft, ob der Gegner seine Abwehrfront bei Cassino gegen einen koordinierten Angriff der Armee wird halten können. Wenn dieser Angriff vor ‚Shingle‘ anläuft, wird es für wahrscheinlich gehalten, daß diese zusätzliche Bedrohung ihn veranlassen wird, sich aus seiner Verteidigungsstellung zurückzuziehen, sobald er den Umfang dieser Operation erkannt hat."

Weiterhin hatte der Nachrichtendienst eine Berechnung aufgestellt, innerhalb welcher Zeit es der deutschen Führung möglich sein dürfte, Reserven an den Landekopf heranzuführen. Nach dieser Tabelle war die Höchststärke der am Landungstag zu erwartenden deutschen Abwehrkräfte auf etwa 14 000 Mann beziffert. Frühestens am X + 4. Tag rechnete man mit dem Beginn stärkerer deutscher Gegenangriffe, da bis dahin die deutsche Truppenstärke auf rund 31 000 Mann angewachsen sein konnte. Starke deutsche Reserven könnten erst ab X + 6. Tag aus dem Norden herangekommen sein, da die Luftwaffe durch ihre anhaltenden Angriffe auf die Hauptverbindungslinien einen früheren Termin verhinderte. Zahlen für die weiteren Tage basierten auf Schätzungen.

*

---

[1] Anlage — Quellen: I/6—Seite 308

Die Operation „Shingle" war, soweit dies bis heute aus Veröffentlichungen ersichtlich geworden ist, entsprechend der abgestuften Aufgabenstellung des Armee-Befehls wie folgt geplant und organisiert (Skizze 2):

A. *Aufgabenstellung für die 1. Phase der Landung:*
  1. Landung in drei Angriffsgruppen in breiter Front beiderseits Anzio-Nettuno
  2. Bilden und Sichern von zunächst drei einzelnen kleinen Landeköpfen
  3. Verschmelzung dieser drei Landeköpfe zu einem einzigen etwa 7 km tiefen und 25 km breiten Landekopf
  4. Sicherung dieses Groß-Landekopfes gegen feindliche Angriffe.

Landungsräume, Aufträge und Gliederung
der drei Angriffsgruppen:
  1. Gruppe: Verstärkte 1. britische Infanterie-Division[1] auf „Peter Strand" etwa 8 km nordwestlich Anzio, beiderseits Torre Anastasia, Landungsabschnitt zirka 3 km breit. Auftrag: Bilden eines Landekopfes zwischen Torre S. Lorenzo — Torre Caldara in einer Tiefe von rund *4 km.*
  Sperren der von Albano auf Anzio führenden Straßen.
  2. Gruppe: Ranger-(Jäger-)Regiment auf Hafen und Stadt *Anzio*[2],
  Auftrag: Einnahme von Anzio-Nettuno.

---

[1] 1. britische Infanterie-Division mit:
      2., 3., 24. Guards Brigade
      46. Royal Tank Regiment
      2 Commandos 2. Special Service Brigade
      5 Artillerie-Bataillone, Flak, Pioniere, Nachrichten- und Versorgungs-Truppen
[2] Ranger (Jäger-)Regiment, 4 Bataillone
Luftlande-Bataillon 509

3. Gruppe: Verstärkte 3. US.-Infanterie-Division[1] auf "X-Ray-Strand" etwa 5 km südostwärts Nettuno, Landungsabschnitt: zirka 3 km breit.

Auftrag: Bilden eines Landekopfes zwischen Nettuno — Asturabach in einer Tiefe von rund 4 km,
Sicherung der Übergänge über den Mussolini-Kanal und seines Westzweiges durch Vorauseinheiten.

Das Luftlande-Regiment 504 und das Luftlande-Bataillon 509 sollten in der Nacht der Landung an der Albanostraße, etwa in Höhe von Aprilia, abspringen, mit dem Auftrag, diese Hauptanmarschstraße zu sperren und darüber hinaus mit kampfkräftigen Spähtrupps ins Inland vorzufühlen. Zur Verstärkung sollten 50 Lasten-Segler mit Aufklärungsfahrzeugen und Panzerabwehrwaffen gleichzeitig landen.

Wenige Tage vor Beginn der Landung wurde entschieden, daß diese beiden Luftlande-Einheiten nicht abspringen, sondern als Korpsreserve mit eingeschifft werden sollten. Das Luftlande-Bataillon 509 wurde damit dem Ranger-Regiment, das Luftlande-Regiment 504 der 3. US.-Infanterie-Division zugeteilt. Letzteres sollte als schwimmende Korpsreserve zunächst auf den Schiffen bleiben. Als Begründung für die Änderung in der Planung des Einsatzes dieser so wertvollen Truppe führte man an, daß man nicht das Risiko laufen wollte, sie möglicherweise nach Absprung dem eigenen Artilleriefeuer ausgesetzt zu sehen[2].

---

[1] 3. US.-Infanterie-Division mit:
Infanterie-Regimenter 7., 15. und 30.
Panzer-Bataillon 751
Panzer-Jäger-Bataillon 601
4 Artillerie-Bataillone
Flak, Pioniere, Nachrichten- und Versorgungs-Truppen
[2] Erfahrungen aus dem Einsatz bei der Landung in Sizilien

B. Aufgabenstellung für die 2. Phase der Landung

Nach genügender Sicherung des Landekopfes durch die beiden Landungsdivisionen und Zuführung der ab 19.1. im Raum Neapel bereitgestellten 1. US.-Panzer-Division und der 45. US.-Infanterie-Division, Antreten zum Angriff gegen die etwa im Zuge der Eisenbahnlinie Rom — Cisterna di Latina vermuteten deutschen Stellungen, wobei die 1. britische Infanterie-Division Campoleone und die 3. US.-Infanterie-Division Cisterna als erstes Angriffsziel nehmen sollten. Die Dauer der Anlandung der ersten beiden Divisionen veranschlagte man auf etwa drei Tage, sodaß bereits ab 4. Tag mit dem Herankommen der Reserven zu rechnen war.

Ab X — 1 Tag sollte die taktische Luftwaffe, unterstützt von der strategischen Luftwaffe, schwerste Angriffe gegen die deutschen Flugplätze und Nachschubstraßen nördlich Rom führen. 2600 Flugzeuge waren für diesen Einsatz eingeplant. Am X-Tage standen über 600 Jagdbomber, Jäger und leichte Bomber den Landungsstreitkräften zur direkten Unterstützung zur Verfügung. Mit einem größeren Einsatz deutscher Luftstreitkräfte gegen die Landungsflotte wurde nicht gerechnet, da Anfang Januar die 2. deutsche Luftflotte ihre ganzen Bomberverbände von Italien fort auf den Balkan verlegt hatte, und die verbliebenen Kräfte durch die pausenlosen Angriffe auf etwa 60 Prozent ihres Bestandes abgesunken waren.

Zur Wahrung des Überraschungsmomentes sollte der Landung keine längere artilleristische Feuervorbereitung durch die begleitenden Kriegsschiffe, sondern lediglich ein Feuerschlag durch die mitgeführten Raketenwerferschiffe vorausgehen. Die Reichweite der Schiffsartillerie sicherte eine entsprechende Abschirmung des gesamten ersten Landekopfes.

Um eine rasche Ausladung zu gewährleisten, wurden die LKW zum ersten Mal vollbeladen eingeschifft. Eine Maßnahme, die zwar nicht die Genehmigung des führenden britischen Admirals fand, dann aber doch vorgenommen wurde und die Umschlagszeiten von bisher 12 auf 1—2 Stunden herunterdrückte. Die Zeit für die Landung wurde auf den 22. 1. 1944, 2.00 Uhr angesetzt, um damit den Landungskräften vier Stunden Dunkelheit zu sichern. Da die Wetterfrösche für den 22. 1. und für weitere vier Tage günstiges Wetter voraussagten, konnte mit Mondlicht im letzten Viertel gerechnet werden. Die Morgendämmerung setzte wenige Minuten vor 6 Uhr ein.

Zur Tarnung von „Shingle", und um die Deutschen glauben zu machen, daß man gegen Livorno ein Unternehmen plane, wurde auf Korsika eine Funkstelle eingerichtet, die als angeblich vorgeschobener Befehlsstand des VI. US. Corps einen lebhaften Funkverkehr aufnahm. In den Häfen wurden Fischerboote zusammengezogen, Scheindepots und Verladeanlagen von Pionieren gebaut. Seestreitkräfte hatten den Befehl, Civitavecchia und Terracina voraus zu beschießen. Ein Schnellbootsverband hatte in der Nacht der Landung einen Scheinangriff und eine Scheinlandung mit viel Lärm und Tam-Tam auf Civitavecchia auszuführen. Der Nachrichtendienst streute Gerüchte aus, daß die 8. britische Armee im Januar an der Adria-Front mit frischen Kräften einen neuen Großangriff beabsichtige.

Es gelang mit all diesen Tarnungsmaßnahmen und dank der völlig am Boden liegenden deutschen Fernaufklärung, die deutsche Heeresgruppe „C" über die wirklichen Landeabsichten der Alliierten im Unklaren zu lassen. Während am 20. 1. italienische Straßenhändler den in Neapel an Bord der Landungsschiffe gehenden amerikanischen und britischen Soldaten Postkarten von Anzio-Nettuno verkauften, konnte der am gleichen Tage bei der Heeresgruppe zu Besuch weilende deutsche Abwehrchef, Admiral Canaris, keine Antwort auf die Frage geben, ob in Kürze mit einer Landung der Alliierten zu rechnen, geschweige denn, wo sie zu erwarten sei.

So gut durchdacht und bis in alle Einzelheiten durchorganisiert und vorbereitet das Unternehmen „Shingle" auch war, es wurde ihm doch in allen mittleren und unteren Führungsstellen hartnäckig mit Mißtrauen begegnet. Dieses Mißtrauen wuchs auf dem Boden reicher Erfahrungen der Fronttruppe mit dem deutschen Gegner, dessen Stehvermögen einerseits, rasche Reaktionsfähigkeit andererseits man nur allzu häufig unter Einstecken von bitteren Verlusten hatte wahrnehmen müssen. Als dann noch eine Landeübung bei Salerno, fünf Tage vor dem Beginn des eigentlichen Unternehmens, in einem völligen Fiasko endete und Menschen- und Materialverluste zu beklagen waren, sank die Stimmung auf den Nullpunkt ab. Bei der Übung hatten die Einheiten die vorgesehenen Landestellen zum Teil verfehlt, die Verbindungen waren völlig abgerissen, und an manchen Stellen war so weit vom Strand weg ausgeladen worden, daß Soldaten ertranken, Waffen und Ausrüstung einfach im Meer versanken. Wie also würde das richtige Unternehmen erst angesichts des Gegners enden, wenn der Marine schon bei einer friedensmäßigen Übung solche Pannen unterliefen? Das Corps forderte daher bei der Armee energisch eine neue Übung, die aber wegen Zeitmangel abgelehnt werden mußte. Es blieb somit nicht aus, daß „Shingle" in den Ruf geriet, ein nutzloser Opfergang auf der militärpolitischen Bühne zu sein. Es schien am besten, sich als Teilnehmer mit dem sicheren Tod oder zumindest der Gefangenschaft abzufinden. Diese Meinung wurde auch von Nichtbeteiligten vertreten, und so konnte es kommen, daß unter anderen General Patton kurz vor Beginn der Einschiffung des Stabes des VI. US. Corps von Palermo zu seinem alten Kameraden, General Lucas, hinüberflog, um von ihm für immer Abschied zu nehmen, da auch er nicht an einen Erfolg von „Shingle" glaubte. Selbst General Clark, als kommandierender General der 5. US.-Armee, rät General Lucas, ja nicht seinen Kopf zu weit vorzustrecken, damit er nicht abgezwickt würde. So lastete auf der Führung eines Unternehmens, bei dem es besonders in der ersten Phase auf ein rasches, kräftiges Zupacken ankam, eine düstere Wolke der Hoffnungslosigkeit und Selbstaufgabe[1].

Die Landung

20. 1. 1944: Während seit dem frühen Morgen im Golf von Neapel die Truppen der verstärkten 1. britischen und 3. US.-Infanterie-Division an Bord der Landungsschiffe gehen, stellt man im Hauptquartier der 5. US.-Armee in Caserta mit Befriedigung fest, daß die wesentliche Voraussetzung für ein Gelingen von „Shingle" in Erfüllung gegangen ist. Die deutsche Führung hatte alle verfügbaren Reserven in die seit acht Tagen an der Südfront tobende Schlacht geworfen und somit dem „Himmelfahrts-Kommando Shingle" die Chance für einen guten Start in die Hand gespielt.

Darüber hinaus: Es stimmte die Wettervorhersage, das Meer war ruhig, die Landungstruppen würden nicht seekrank werden und beim Kampf um die Fußfassung ihre ganzen physischen Kräfte zur Verfügung haben; der Himmel war durch eine dichte und hohe Wolkenschicht geschützt; auch heute ließ sich kein Fernaufklärer sehen, nachdem seit Tagen ein ununterbrochener Bombensegen den Fliegerhorst in Perugia zugedeckt hatte. Der deutsche Nachschub hatte unter

---

[1] Anlage — Quelle: I/7—Seite 328

den laufenden Bombenangriffen gegen die Hauptverkehrs-knotenpunkte erheblich zu leiden und war in seiner Leistung fühlbar abgesunken. Die für den 22. 1. vorgesehene Bomben-glocke über dem Landekopf würde ein übriges tun und ein rasches Heranführen von Reserven verhindern.

So verlassen am 21. 1. früh insgesamt 243 Schiffe mit 335 000 Tonnen auf falschem Kurs den Golf von Neapel.

10 Kreuzer, mehr als 20 Zerstörer und kleinere Kriegs-schiffe begleiteten die Armada, die für zehn Kampftage Munition und für 15 Tage Verpflegung und Nachschubmaterial mit sich führt. Zwei Landungsschiffe sind an Deck mit Start-bahnen versehen und führen je sechs Artillerie-Flieger mit, da für „Shingle" keine Flugzeugträger eingesetzt werden konnten. Im Raum Neapel stehen die 1. US.-Panzer-Division sowie die 45. US.-Infanterie-Division bereit, um auf den zurück-gekehrten Schiffen sofort verladen und in den Landekopf nachgeführt werden zu können.

Um die Truppe mit dem Kampfgelände weitgehend ver-traut machen zu können, hat jede Kompanie mehrere Karten 1 : 50 000 sowie Luftbildaufnahmen, in denen die bis zum letzten Tag bekanntgewordenen deutschen Stellungen im Landekopf eingedruckt sind. So ist alles bis ins Letzte wohl vorbereitet, organisiert und geplant; und doch fährt auf den Schiffen noch immer als unsichtbarer, aber schwerer Ballast das Mißtrauen in das Können der Marine — wird sie nach dem Debakel bei der Übung nun eine saubere Landung aus-führen? — und die Hochachtung vor dem Stehvermögen und der raschen Reaktionsfähigkeit des deutschen Soldaten mit. Es sind nicht wenige, die während der 20stündigen Seefahrt letzte Abschiedsbriefe schreiben, und es sind dies durchaus nicht nur GI's.

Bei Einbruch der Nacht beginnen die vorausgelaufenen britischen und amerikanischen Minenräumboote in den Landungsabschnitten und in den Feuerunterstützungsräumen, in denen Kreuzer und Zerstörer als bewegliche Artillerie laufen sollen, mit ihrer Säuberungsarbeit. Unerkannt und ungestört von der deutschen Küstensicherung, schleppen sie wenige Kilometer vom Strand weg ihre Fanggeräte auf und ab durch die ruhige See.

Um Mitternacht dreht die Landungsflotte exakt gegliedert auf die von Spezial-Trupps vorab gekennzeichneten Landungsabschnitte ein. Auf die Minute genau um 01.50 stehen alle Schiffe auf ihren vorgesehenen Positionen. Die vollbesetzten Landungsboote der 1. Infanterie-Wellen sind zu Wasser gelassen und warten auf die Feuereröffnung, in deren Schutz der Sprung an Land sich vollziehen soll.

01.53 eröffnen Raketenschiffe (12 cm) mit einem Feuerschlag die Landung. Der sehr dichte Feuersegen soll am Strand Landminen zur Explosion bringen und die bekannten deutschen Verteidigungseinrichtungen zerstören. Noch während die Werfersalven auf die Küste zufauchen, preschen die Landungsboote los.

02.00: Die ersten Infanteristen hetzen aus den Booten durch das seichte Wasser auf den Strand. Hier und dort fällt ein Schuß, MG-Feuer flackert auf, aber von einem organisierten Widerstand kann keine Rede sein. Die meisten der erkannten deutschen Feldstellungen sind unbesetzt.

Die in Anzio-Nettuno eindringenden Rangers holen völlig überraschte deutsche Soldaten aus ihren Quartieren heraus. Die Hafenanlagen von Anzio fliegen nicht mit Getöse in die Luft, und die im Hinterland stehende deutsche Artillerie schweigt. 08.15 ist Anzio-Nettuno feindfrei. Erst, als es ganz hell geworden ist und der Blick auf See frei, meldet sich mit hartem Gongschlag die deutsche Kanonen-Batterie bei Genzano und nimmt die Landungsflotte unter Feuer.

Günstige Wasser- und Strandverhältnisse im amerikanischen

Landungsabschnitt einschließlich Anzio-Nettuno selbst ermöglichen eine rasche Ausladung von Truppen und Material. Im britischen Abschnitt behindert einmal eine breite vorgelagerte Sandbank das Anlandgehen, zum anderen ist der Strand vermint und muß erst freigemacht werden, sodaß hier die vorgeplanten Zeiten nicht eingehalten werden können.

Vor Beginn der Morgendämmerung sind nahezu alle Infanteriekräfte an Land gebracht und die Landeköpfe so weit ins Inland vorgetrieben, daß die beiden Divisions-Stäbe um 06.45 ihre Gefechts-Stände von den Führungsschiffen weg an Land verlegen. 06.00 beginnt im Abschnitt der 3. US.-Infanterie-Division die Ausladung der Panzer und Artillerie, im britischen Abschnitt verschiebt sie sich infolge der geschilderten Schwierigkeiten auf 10.45. Alsdann laden auch hier LST's an einer Pontonbrücke aus.

Um 09.00 haben alle drei Landeköpfe Verbindung miteinander aufgenommen, sodaß eine durchgehende Front bei einer Tiefe von rund 4 km landeinwärts vorhanden ist. Fast wie ein Friedensmanöver ist die Landung vonstatten gegangen. Im Laufe des Vormittags schieben die beiden Divisionen wie ein sehr langsam gärender Hefekuchen schwächere Aufklärungs- und Sicherungseinheiten entlang den Straßen und Wegen nach Nordwesten gegen den Moletta-Abschnitt, gegen Campo die Carne im Norden und gegen die Brücken im Zuge des Mussolini-Kanals und seines Westzweiges vor. Bei den entlang der Uferstraße auf Ardea und auf der Albanostraße vorgehenden britischen Aufklärungskräften kommt es dabei zu Schießereien mit schwachen, zurückgehenden deutschen Sicherungen. Im Abschnitt der 3. US.-Infanterie-Division können die Brückenübergänge des Mussolini-Kanals völlig kampflos besetzt und zur Sprengung vorbereitet werden.

Im Hafen von Anzio arbeiten indessen die Pioniere fieberhaft an der Beseitigung der Sprengladungen und an der Freimachung des Hafenbeckens, in dem einige kleine versenkte Boote den Zugang behindern. Es gelingt, diese Arbeiten so rasch durchzuführen, daß bereits um 17.00 die ersten Landungsschiffe — jeweils ein LST und zwei LCT's[1] in den Hafen einfahren und über den Kai entladen werden können.

Gegen 10.00 Uhr, gerade als zum zweiten Male deutsche Jabos die Ausladungen angreifen, gehen die Kommandierenden Generale, Alexander und Clark, an Land, um sich an Ort und Stelle über die Lage zu orientieren. General Alexander weist bei der Lagebesprechung darauf hin, wie wichtig es ihm angesichts der Überraschung und Schwäche des Gegners erscheint, starke motorisierte Aufklärung ins Binnenland vorzutreiben, um mit dem Gegner in Fühlung zu kommen. Diesen Gedanken, „vorwärts zu gehen", bringt er auch bei seinen Besuchen auf den Gefechts-Ständen der unteren Führungsorgane immer wieder vor, so zum Beispiel bei einem Bataillon der 24. Infanterie-Brigade, bei dem er die versammelten Offiziere unterrichtet, daß um diese Stunde zwischen dem Landekopf und Rom nur noch ein deutsches Bataillon, das II./Panzer-Grenadier-Regiment 71, steht. Die als unmittelbarer Gegner angenommene 90. Panzer-Grenadier-Division sei an die Südfront gesandt, die drei Fallschirmjäger-Bataillone nach Norden verlegt worden [1].

In dem Befehl des VI. US. Corps für die weitere Kampfführung, der gegen Mittag, nachdem die beiden Oberkommandierenden den Landekopf wieder verlassen haben, an die Divisionen herausgeht, findet sich jedoch kein Niederschlag des „Vorwärts"-Gedankens von General Alexander. Er enthält lediglich den Befehl, unter Verstärkung der vorgeschobenen Sicherungen den bisher errichteten Landekopf zur Ver-

---

[1] LCT/LST Landungsschiffe für Panzer
[1] Aus dem erbeuteten Tagebuch eines Offiziers dieses britischen Bataillons (siehe Anlage, Dokumente 1)

teidigung einzurichten, da mit baldigen deutschen Gegenangriffen zu rechnen sei. Trennungslinie zwischen der 1. britischen Infanterie-Division und der 3. US.-Infanterie-Division: Straße Anzio — Albano. Die noch auf den Schiffen befindlichen Korpsreserven: Luftlande-Regiment 504 und 3. brit. Infanterie-Brigade, werden gelandet, da inzwischen in Neapel das US.-Infanterie-Regiment 179 (45. US.-Infanterie-Division) verladen und im Anmarsch ist. Der Korpsstab selbst sieht seine Verlegung auf das Land für die Nacht vor.

Bei Anbruch der Dunkelheit stehen die vordersten Sicherungen der 1. britischen Infanterie-Division bei Torre della Moletta und an der Straßenkreuzung Campo di Carne; die 3. US.-Infanterie-Division hat um die gleiche Zeit schwache motorisierte Sicherungen (Gruppe Crandall) an den Übergängen des Westzweiges des Mussolini-Kanals und am Mussolini-Kanal selbst stehen (Skizze . . .) Bis 24.00 am 22. 1. 1944 sind rund 36 000 Mann und 3200 Kampf- und Versorgungsfahrzeuge an Land gebracht. Die Masse der Landungsschiffe befindet sich auf dem Rückweg nach Neapel, um die dort bereitgestellten Verstärkungen heranzuholen.

Die Maßnahmen der Heeresgruppe „C" zur Abwehr von Landungsunternehmen im Rücken der Südfront

Mit der Landung der Alliierten in Italien sah sich die Heeresgruppe „C" ständig vor die Aufgabe gestellt, vorsorgliche Maßnahmen zu treffen, um überholenden Anlandungen des Gegners tief im Rücken der Front rasch und wirksam begegnen zu können. Die geographische Besonderheit des italienischen Kriegsschauplatzes bot den Alliierten angesichts ihrer absoluten Überlegenheit zur See und in der Luft die einmalige Möglichkeit, Ort und Zeit für Kesselschlachten völlig unabhängig von dem deutschen Gegner bestimmen zu können.

Bei der Länge der Küstenflanken und den ungenügenden Kräften, die der Heeresgruppe „C" zur Bewältigung ihrer Verteidigungsaufgabe zur Verfügung standen, war es kaum möglich, eine durchgehende Bewachung, geschweige denn eine ausreichende Sicherung auch der bedrohtesten Landungsabschnitte an der Adria- oder an der Mittelmeerküste vorzunehmen. Arbeitskräfte wie Pioniermaterial reichten nicht einmal aus, um alle Hafenplätze, die als Hauptlandungsziele für die Alliierten in Frage kamen, durch Anlage von festen Stellungen und Verminungen der Küstenabschnitte vorsorglich zu schützen.

Die nach der Kapitulation Italiens in deutsche Hände übergegangenen Küstenbefestigungen sowie die italienische Küstenartillerie waren nahezu wertlos. Daran änderte auch die Aufstellung eines Stabes „Höherer deutscher Küsten-Artillerie-Kommandeur" nichts, da dieser über keine einsatzbereiten Geschütze und keine Führungsmittel verfügte, die ihn in den Stand setzten, ein Nachrichtennetz aufzubauen, um seine weit verstreuten Einzelgeschütze oder Batterien zusammenfassen zu können. Zudem fehlten für die italienischen Geschütze die Schießunterlagen sowie Munition. So gab es zum Beispiel zwischen Terracina und der Tibermündung nur zwei einsatzbereite Batterien, die deutschen 17-cm-Kanonen bei Genzano und die 10-cm-Kanonen bei Castel Porciano. Die im Raum nördlich Nettuno um die Jahreswende 1943/1944 in Stellung befindliche III./Artillerie-Regiment 3 wurde am 15. 1. 1944 dort abgezogen und bei Monte Cassino eingesetzt. So hatten die auf der Lagenkarte der Heeresgruppe zwischen Cap Gaeta und der Tibermündung eingezeichneten 41 Küstengeschütze mehr oder weniger nur einen optischen Beruhigungswert.

Ende 1943 hatte die Abwehr der ununterbrochenen Angriffe der Alliierten an der Südfront einen Kräfteverzehr zur Folge, der eine Bereitstellung von größeren Reserven für die Abwehr von Landungen nicht zuließ. Diese Schwäche bedeutete aber eine ganz besondere Gefahr, weil es sich erwiesen hatte, daß, wenn dem Gegner einmal der Sprung an Land einschließlich seiner schweren Waffen gelungen war, er dank seiner absoluten Überlegenheit in der Luft und auf See nicht mehr ins Wasser zurückgeworfen werden konnte.

Die Heeresgruppe „C" war daher ständig bemüht, wenigstens zwei der in Italien eingesetzten 6 motorisierten Divisionen als Heeresgruppenreserve an Hand zu haben, auch wenn dadurch die Kampffront bewußt geschwächt wurde; denn nur mit diesen rasch beweglichen Verbänden war die Möglichkeit gegeben, bei einer neuen Landung rechtzeitig zur Stelle zu sein, um den Gegner noch in seinem Schwächemoment, der Ausladung, packen zu können.

Die Bereitstellungsräume dieser Reservedivisionen mußten dabei so gewählt werden, daß sie der zweifachen Aufgabe: „Zerschlagung einer feindlichen Landung und rascher Einsatz an der Südfront" entfernungsmäßig gerecht werden konnten.

Wenn auch diese motorisierten Verbände den Infanterie-Divisionen an Kampfkraft überlegen waren, so muß doch festgehalten werden, daß sie nie vollzählig, vollaufgefüllt oder ausgeruht waren. Meist kamen sie gerade ausgebrannt aus einem Großkampf heraus, oder aber ganze Bataillone, Abteilungen oder Regimenter verblieben, ausgeliehen an andere Divisionen, im Einsatz.

Unter Berücksichtigung der Landungsmöglichkeiten, die sich dem Gegner auf Grund der jeweiligen Gesamtsituation anboten, mußte daher die Heeresgruppe weit vorausschauende Pläne für die rasche Heranführung weiterer Reserven aufstellen.

Noch vor Ausgang des Jahres 1943 wurden in Absprache mit dem Oberkommando der Wehrmacht, dem der italienische Kriegsschauplatz direkt unterstand, fünf Abwehr- bzw. Aufmarschpläne aufgestellt, welche die für den Gegner taktisch oder operativ günstigsten Landemöglichkeiten behandelten. Es waren dies die Landungsräume: Livorno — Genua — La Spezia — Ravenna und Istrien, sowie die Umgebung von Rom. Jeder Landungsfall erhielt sein besonderes Kennwort, bei dessen Ausgabe durch die Heeresgruppe die Aufmarschbewegungen unverzüglich einzusetzen hatten.

Das Kennwort für den Fall einer Landung der Alliierten im Raum Rom lautete: „R i c h a r d".

Die Pläne wurden mob-kalendermäßig von allen betroffenen Kommandostellen bearbeitet. Sie enthielten Maßnahmen für die Beschriftung der Marschstraßen, die Offenhaltung der Apenninpässe, die Betriebsstofflagerung an den festgelegten Marschstraßen, Straßeninstandsetzungsdienste, die Erfassung von Alarm-Kolonnenraum zur Verlastung von Infanterie-Verbänden, die Festlegung von Unterziehräumen über Tage, da wegen der Luftlage erfahrungsgemäß nur nachts würde marschiert werden können.

Die 10. Armee hatte als Hauptbetroffener im Falle „Richard" entsprechend der Lage an der Front ganze Verbände oder Truppenteile abzugeben. Zu ihnen gehörten vor allem die Aufklärungsabteilungen der Infanterie- und motorisierten Divisionen. Ihr Einsatz in der Front mußte daher immer auf den Alarmfall „Landung" im Operationsgebiet der Armee abgestimmt werden. Des weiteren gehörten dazu Neuaufstellungen im rückwärtigen Armeegebiet, soweit diese kampffähige Einheiten darstellten.

Die 14. Armee in Norditalien hatte die im Raum Genua zum Küstenschutz eingesetzte 65. Infanterie-Division (ohne ein Regiment), die im Raum Rimini liegende 362. Infanterie-

Division (ohne ein verstärktes Regiment) und die im Raum Livorno zunächst noch in Aufstellung begriffene 16. SS-Panzer-Grenadier-Division zwei verstärkte Grenadier-Bataillone abzugeben. Das Armee-Oberkommando der 14. Armee selbst hatte sich zur Übernahme der Befehlsführung am Landekopf bereitzuhalten.

Die Verhandlungen mit dem Oberkommando der Wehrmacht wegen der Gestellung weiterer Kräfte waren sehr schwierig gewesen, da man dort für Anfang 1944 eine Herauslösung der fünf besten Kampfdivisionen vorgesehen hatte, statt dessen nun aber die Heeresgruppe „C" nicht nur auf dem Verbleib dieser Divisionen bestand, sondern darüber hinaus mit weiteren Forderungen für den Landungsfall auftrat. Man entschloß sich alsdann jedoch zu einer Zusage, da man einsah, daß eine neue erfolgreiche Landung der Alliierten in Italien deren Zutrauen in die bevorstehende „Große Invasion" vermehren mußte, andererseits die Zerschlagung eines größeren Landungsunternehmens in Italien möglicherweise eine verzögernde Wirkung auf die „Große Invasion" haben konnte. Das Oberkommando der Wehrmacht sah daher nach Plan die Abgabe von je zwei Infanterie-Divisionen von den Oberbefehlshabern „West" und „Südost" vor. Infolge inzwischen durchgeführter Abgaben an die Ostfront konnten im Fall „Richard" von „Oberbefehlshaber West" lediglich die im Raum Marseille zum Küstenschutz eingesetzte 715. Infanterie-Division (teil-motorisiert), dazu eine Artillerie-Abteilung, eine Panzer-Abteilung (I./Panzer-Regiment 4), die Sturm-Geschütz-Abteilung 301 (Fernlenk), sowie die Sturmhaubitz-Abteilung 216, von „Oberbefehlshaber Südost" die 114. Jäger-Division und zwei Artillerie-Abteilungen in Marsch gesetzt werden. Von dem Ersatzheer wurden der Stab des XXV. Armeekorps, das Infanterie-Lehr-Regiment, das Artillerie-Lehr-Regiment, die Panzer-Grenadier-Regimenter 1027 und 1028, die Heeres-Panzer-Abteilung 508 (Tiger) zur Verfügung gestellt.

Eine Beurteilung des Kampfwertes all dieser Verbände ergibt ein sehr unterschiedliches Bild. Über Großkampferfahrung auf dem italienischen Kriegsschauplatz verfügten lediglich die Verbände der 10. Armee sowie die 65. Infanterie-Division, die bereits die Winterschlacht am Sangro mitbestanden hatte.

Die 362. Infanterie-Division sowie die beiden Grenadier-Bataillone der 16. SS-Panzer-Grenadier-Division hatten als Neuaufstellungen in der Masse noch keine Kampferfahrungen.

Die 715. Infanterie-Division war bis Anfang Januar 1944 eine reine Küstenschutz-Division und wurde erst mit Jahreswechsel zu einer teilweise motorisierten Infanterie-Division umgegliedert und entsprechend ausgerüstet. Ihr Artillerie-Regiment, zu zwei Abteilungen, war mit russischen und italienischen Beutegeschützen ausgestattet. In den Grenadier-Regimentern fehlten die schweren und leichten Infanterie-Geschütze sowie teilweise das Maschinengewehr 42. Entsprechend der bisherigen Verwendung waren Offizierskorps und Mannschaften verhältnismäßig alte Jahrgänge. Die Transportfahrzeuge dieser teilmotorisierten Division bestanden aus zivilen schweren Personenkraftwagen und Omnibussen.

Die gepanzerten Einheiten, die Oberbefehlshaber West stellte, verfügten alle über Rußlanderfahrungen und waren mit modernem Gerät ausgerüstet.

Die 114. Jäger-Division des Oberbefehlshabers Südost hatte nur Erfahrung im Kampf gegen Partisanenverbände. Ihre Ausrüstung wies ähnliche Lücken auf wie die der 715. Infanterie-Division.

Das Infanterie-Lehr-Regiment war keine Truppe im Sinne eines Kampfverbandes, sondern ein „Truppen-Lehr-Körper" mit einer sehr großen Zahl glänzend bewährter Offiziere, Unteroffiziere und Mannschaften.

Das gleiche gilt für das Artillerie-Lehr-Regiment, wenn auch bei ihm der Begriff „Kampfverband" für den späteren Einsatz nicht so ins Gewicht fiel.

Die Panzer-Grenadier-Regimenter 1027 und 1028 sowie die Tiger-Abteilung 508 waren Neuaufstellungen mit rußlanderfahrenen Stämmen, als Verbände aber noch nicht im Einsatz gewesen. Ein besonderes Dilemma bei den Truppenteilen des Ersatzheeres war, daß sie über keine Versorgungs- und Nachschubeinrichtungen verfügten, sodaß man bei ihrem Eintreffen am Landekopf sogar die Feldküchen aus anderen Einheiten für sie abstellen mußte. So komplizierten sie das an sich schon reichlich schwierige Problem der Versorgung.

Durch die anhaltenden Angriffe der alliierten Luftwaffe auf einige Haupteisenbahnlinien in Italien wanderten die Umschlagplätze Schiene-Straße immer weiter nach Norden zurück. Der pferdebespannte Kolonnenraum der Infanterie-Divisionen fiel somit zum Einsatz aus. Die Strapazierung des motorisierten Kolonnenraumes nahm ständig zu, und es erhöhten sich die Ausfälle durch Feindeinwirkung und Materialverschleiß, von der allgemeinen Betriebsstoffknappheit, die weiteren Kolonnenraum zur Untätigkeit verdammte, gar nicht zu sprechen.

Wenn trotzdem während der Kämpfe am Landekopf immer der dringendste Bedarf an Nachschubmaterial herangebracht werden konnte, so war dies nicht zuletzt der engen Verbundenheit zwischen Nachschubtruppe und Fronttruppe zu verdanken.

Die Lage auf deutscher Seite
Mitte Januar 1944

(Skizze 1)

Um den 13. 1. 1944, mit Fortsetzung des Angriffes der
5. US.-Armee auf die Winterstellung, mehrten sich bei der
Heeresgruppe die Meldungen über ständig wachsenden Schiffsraum im Hafengebiet von Neapel. Es war daher zu erwarten,
daß der Gegner über kurz oder lang dem mühsamen frontalen
Vorwärtsquälen durch eine neue Landung ein Ende bereiten,
daß er eine Entscheidungsschlacht suchen würde. Rom lag
dabei als verlockendes militärpolitisches Ziel bereits allzulange
und unerreicht vor der Nase der Alliierten. Die Heeresgruppe
sah daher neben Livorno als möglichem o p e r a t i v e n Landungsraum den Raum zwischen Cap G a e t a und C i v i t a -
v e c c h i a als besonders gefährdet an. Um einer hier drohenden
Landung, die katastrophale Wirkungen haben konnte, zu begegnen, hatte die Heeresgruppe im Laufe des Monats Januar
unter dem Kommando des XI. Flieger-Korps die 90. Panzer-
Grenadier-Division nördlich und die 29. Panzer-Grenadier-
Division südlich Rom versammelt. Die bis dahin zum Küstenschutz zwischen Tarquinia und Astura-Bach eingesetzte 3. Panzer-Grenadier-Division sollte, ab Mitte Januar beginnend, die
26. Panzer-Division an der Adria-Front ablösen, damit diese
im Raum Avezzano als weitere Heeresgruppen-Reserve versammelt werden konnte. Als im Verlauf der ab 12. 1. auf-
genommenen wuchtigen Angriffe der 5. US.-Armee zunächst
im Abschnitt der 5. Gebirgs-Division nördlich Cassino eine
Krisenlage entstand, erhielt die mit Teilen bereits in Chieti
eingetroffene 3. Panzer-Grenadier-Division einen neuen Ein-
satzbefehl für den Abschnitt der 5. Gebirgs-Division im Raum
Alvito. Dieses Herumwerfen der Division hatte zur Folge, daß

38

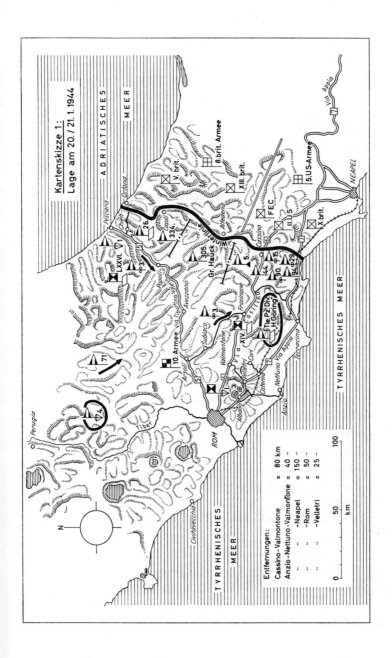

Kartenskizze 1:
Lage am 20./21.1.1944

sie am 20./21. 1. über die ganze Breite der italienischen Front aufgeteilt auf dem Marsch war.

Am 17. 1. entwickelte sich im Fortgang der Kämpfe durch den Angriff des X. britischen Korps gegen die Stellungen der 94. Infanterie-Division auf dem äußersten rechten Flügel der 10. Armee eine weitere gefährliche Krisenlage, die einen Durchbruch der Briten in das Liri-Tal befürchten ließ. Da die 10. Armee selbst keine ausreichenden Reserven mehr an der Hand hatte, um der Gefahr begegnen zu können, entschloß sich die Heeresgruppe am 18. 1. schweren Herzens, ihre beiden Panzer-Grenadier-Divisionen unter Führung durch das XI. Flieger-Korps zur Wiederherstellung der Lage im Abschnitt der 94. Infanterie-Division einzusetzen.

Bei dem bekannten vorsichtigen und methodischen Vorgehen des Gegners glaubte die Heeresgruppe annehmen zu können, daß eine mit dem laufenden feindlichen Großangriff zusammenhängende Landung erst nach Eintritt eines größeren Angriffserfolges zu erwarten sein würde. Das Risiko, das die Heeresgruppe durch die völlige Entblößung des Raumes von Rom einging, war sehr groß. Aber man hoffte andererseits durch eine rasche Behebung der Krisenlage an der Südfront, umso schneller dort wieder Reserven herausziehen zu können. Nachdem am 18./19. 1. die Masse der beiden Divisionen abmarschiert war, verblieben zwischen Terracina — Tibermündung nur noch folgende Kampfeinheiten:

Abschnitt Terracina — Astura-Bach = 50 km Küstenfront: Panzer-Aufklärungsabteilung 29 (ohne Panzer-Späh-Kompanie)

Abschnitt Astura-Bach — Tibermündung = 65 km Küstenfront:

Panzer-Späh-Kompanie der Panzer Aufklärungsabteilung 29, II./Panzer-Grenadier-Regiment 71 in Stärke von 261 Offizieren, Unteroffizieren und Mannschaften

40

eine Pionier-Kompanie/Pionier-Bataillon 29,

zwei Pionier-Kompanien der 4. Fallschirmjäger-Division,

eine Sturm-Geschütz-Kompanie (italienisch, der 4. Fallschirm-jäger-Division) in Aprilia.

An weiteren einsatzfähigen Einheiten hatte die Heeres-gruppe an Hand: im Raum Terni — Perugia drei Bataillone der dort in Aufstellung begriffenen 4. Fallschirmjäger-Division. Ab 18. 1. waren diese drei Bataillone unter Major Gericke zu einer Kampfgruppe zusammengestellt worden. Wegen Kraftfahrzeugmangel war nur ein Bataillon mot. beweglich zu machen.

Im Raum Priverno lag der Stab der Fallschirm-Panzer-Di-vision „Hermann Göring" mit der Divisions-Kampfschule etwa in Stärke von einem Bataillon, die jedoch als Kampfeinheit verständlicherweise nicht anzusehen war; ferner eine schwere Infanterie-Geschütz-Kompanie, eine Panzerjäger- und eine Pionier-Kompanie, alle drei Kompanien voll motorisiert. An sonstigen Kampfeinheiten lagen im Hinterland dieses 115 km langen Küstenabschnittes lediglich die eingangs erwähn-ten beiden Kanonen-Batterien, sowie leichte und schwere Flak im Zuge der Hauptnachschubstraßen 6 und 7 und rings um die Stadt Rom.

Vorsorglich wurden von der Heeresgruppe ab 17. 1. alle diese Einheiten im Großraum Rom in ständige Alarmbereit-schaft versetzt.

Durch das rasche und tatkräftige Eingreifen der beiden Panzer-Grenadier-Divisionen im Abschnitt der 94. Infanterie-Division konnte bereits am 20. 1. die hier aufgetauchte Ge-fahr eines Durchbruchs als abgewehrt angesehen werden. Das Risiko, das die Heeresgruppe mit der Abgabe der beiden Divi-sionen an die 10. Armee eingegangen war, hatte somit bereits Früchte getragen, und man konnte schon wieder an die Bildung von neuen Reserven denken, zumal die aus Istrien im Anmarsch befindliche 71. Infanterie-Division am 20. 1. den Raum L'Aquila erreicht hatte.

Eine weitere Bestätigung für die Richtigkeit der getroffenen Maßnahme erwuchs der Heeresgruppe aus dem Besuch des Admiral Canaris, Chef des Amtes Ausland, Abwehr im Oberkommando der Wehrmacht, am 21. 1., der ganz entschieden die Gefahr einer bevorstehenden Landung bestritt und die Belegung des Hafens von Neapel mit zur Zeit 350 000 Tonnen Schiffsraum als normal ansah. Auch die Stationierung von schweren Schiffseinheiten im Mittelmeerraum ließe keine kurz bevorstehende Landung befürchten.

Da weiterhin anzunehmen war, daß dem Gegner seit dem 19. 1. der Einsatz der beiden Panzer-Grenadier-Divisionen an der Südfront bekannt sein mußte und er damit wußte, daß Rom seit zwei Tagen völlig ungesichert gegen einen Angriff von See her vor ihm lag, hatte er offensichtlich die einmalige Chance, Rom überfallartig in die Hand zu bekommen, nicht zu nutzen gewußt.

Um die im Raum Rom verbliebenen Einheiten nicht unnötig alarmmüde zu machen, blies die Heeresgruppe daher am 21. 1. die erhöhte Alarmbereitschaft ab.

So bezogen die Männer der 8. Kompanie Panzer-Grenadier-Regiments 71 im Abschnitt Anzio-Nettuno am Abend dieses Tages zum ersten Mal seit vier Nächten nicht ihre Stellung am Strand, sondern legten sich in den Häusern zur Ruhe. Besetzt waren lediglich die ständigen B-Stellen und einige wenige Warnposten.

Der Kampfraum Anzio-Nettuno

(Skizze 2)

Das Schlachtfeld von Anzio-Nettuno gleicht einer riesigen zum Meer hin offenen Arena (Skizze 2). Die Albanerberge im Norden und die nach Südosten über die Valmontonesenke anschließenden Lepinerberge, die bei Terracina wieder ans Meer stoßen, bilden dabei das Halbrund der Ränge.

Schaut man von diesen Bergen hinab in die Arena, so glaubt man eine weithin offene Pläne vor sich zu haben. Doch dieser erste Eindruck täuscht.

Die Via Anziate, die „Albano-Straße", die, begleitet von einer Eisenbahnlinie, fast schnurgerade von Albano hinunter nach Anzio-Nettuno verläuft, teilt die im Winter in ein eintöniges Gelb-Braun getauchte Landschaft in zwei grundverschieden gegliederte Geländeabschnitte.

Während in der ostwärtigen Hälfte die Höhenzüge und die tiefeingeschnittenen Bäche in Nord-Südrichtung dem Meer zufließen, verlaufen sie im westlichen Abschnitt von Ost nach West. Die Bäche, „Fossi" genannt, bilden schwer überwindbare Hindernisse. Ihre steilen, bis zu 40 m tief abfallenden Ränder sind von hartem Buschwerk, Schilf und Krüppelwald begleitet; im Sommer meist ausgetrocknet, führen sie im Winter oftmals überraschend reißendes Hochwasser, und sind dann nur mittels Brücken überschreitbar.

Halbwegs zwischen den Albanerbergen und dem Meer, an der Albanostraße, liegt auf einer Bodenwelle, rund 80 m über dem Meer, die in den zwanziger Jahren erbaute Verwaltungsstadt A p r i l i a, von den Anglo-Amerikanern „T h e F a c t o r y" getauft. Ein nüchterner Ort mit rechtwinkligen Straßenzügen, die Verwaltungsgebäude, Häuser und Lagerhallen meist in Betonbauweise ausgeführt.

Von Aprilia 15 km genau nach Osten hin liegt als Bewacher des Valmontone-Tores die alte Stadt Cisterna di Latina im Schnittpunkt der Via Appia mit der Eisenbahnlinie Rom — Neapel, 10 km genau westlich von Aprilia der uralte Ort Ardea mit seinen zu trauriger Berühmtheit gelangten Höhlen.

Noch wesentlich das Gesicht der Landschaft bestimmend sind: die Eisenbahnlinie Rom — Neapel und die dicht südlich Aprilia ebenfalls in Ost-West-Richtung verlaufende Straße Nr. 148; sie war im Jahre 1944 zum großen Teil noch im ersten Ausbaustadium. Infolge der vorab dargestellten starken Geländegliederung durchziehen diese beiden Kunstbauten im steten Wechsel von Einschnitten, über Dämme und Brücken, das Kampfgelände und bilden so neben den „Fossi" weitere schwer überwindbare Hindernisse.

Der Mussolini-Kanal, im ostwärtigen Teil das Kampfgelände begrenzend, weist an der Krone eine Breite von 36 m auf und fällt in zwei Terrassen zu der breiten, stets wasserführenden Sohle ab. Einschließlich seines bei Borgo Sessano nach Westen abzweigenden Seitenarmes ist er für Fahrzeuge nur auf Brücken überschreitbar.

Im Westen schließt der „Fosso della Moletta" den Kampfraum ab. Sein gegen die Albanostraße hin weitverzweigtes Bachbett bildet mit seinen sehr hohen und manchmal fast senkrecht abfallenden Rändern ein ebenso starkes natürliches Hindernis wie sein künstliches Gegenüber, der Kanal.

Dicht südlich der Straßenkreuzung Campo di Carne beginnt der Padiglione-Wald. Breit und dunkel lagert er beiderseits der Albanostraße, bis dicht an Anzio-Nettuno heranreichend. Sein alter, hoher Baumbestand, unterbrochen von Lichtungen, die mit Gestrüpp und Krüppelholz bestanden sind, oder als dürftige kleine Felder genutzt werden, nimmt jegliche Einsicht. Lediglich ganz hohe Bauten in Anzio-Nettuno

44

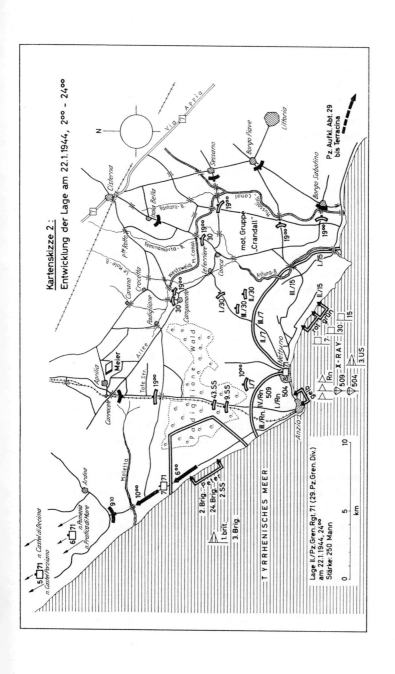

Kartenskizze 2:
Entwicklung der Lage am 22.1.1944, 2⁰⁰ – 24⁰⁰

Lage II./Pz.Gren.Rgt. 71 (29.Pz.Gren.Div.)
am 22.1.1944, 24⁰⁰
Stärke: 250 Mann

überragen die Kronen dieses Forstes. Das gesamte Hafengelände bleibt dem Beobachter am Berghang verborgen. Die Bebauung des Kampfgeländes ist nahezu einheitlich. Bis etwa in Höhe der Bahnlinie Rom — Neapel bedecken Weingärten und Olivenkulturen die Hänge. Zwischen Eisenbahnlinie und Straße No. 148 finden wir noch vereinzelte Olivenbestände auf den Kornfeldern. Südlich der Straße No. 148 bis zum Padiglione-Wald verdrängen große Weideflächen, vor allem ostwärts der Albanostraße, den Ackerbau. So gibt von der Eisenbahnlinie an die abnehmende Bebauung den Blick nach Süden völlig frei. Entlang den Straßen reihen sich in wechselnden Abständen die hellen Siedlungsgehöfte mit ihrem steinernen Stall und dem Backofen, umrahmt von hohen Strohhaufen. Da der hohe Grundwasserstand einen regelrechten Stellungsbau unmöglich macht, wird jedes Gehöft zum wertvollen Stützpunkt. Ebenso bewirkt das Grundwasser, daß abseits der Straßen und Wege in der Regenzeit das Gelände schwer begehbar wird. Fahrzeuge wühlen sich in den weichen vulkanischen Boden rasch ein, soweit dieser überhaupt bereit ist, ihr Gewicht nur annähernd zu tragen. Gleich schnell allerdings trocknet die Erde unter wenig Sonne und Wind ab, wird knochentrocken und staubig.

Zusammenfassend ist über das Kampfgelände zu sagen:

Sowohl für einen Angreifer von See her, wie für den Verteidiger am Hang der Berge, der eines Tages zum Gegenangriff schreiten will, weist das Gelände gleich starke Vor- und Nachteile auf. Der Padiglione-Wald bietet dem Landenden Schutz und gute Möglichkeiten für die Bereitstellung zum weiteren Angriff. Nach Verlassen des Waldes jedoch kann der Verteidiger von den Hängen herab jede seiner weiteren Bewegungen einsehen und seine Gegenmaßnahmen treffen.

Greift der Verteidiger von den Berghängen herab den Landekopf an, so steht er nach dem Durchschreiten der ihn

deckenden Weinbergkulturen nördlich der Bahnlinie vor
genau denselben Schwierigkeiten.

Das dürftige Straßennetz und die vielen Bachgründe behindern Verschiebungen von Reserven quer zur Front. Ferner
verfügen beide Parteien nur über eine Hauptversorgungsader senkrecht zur Front.

Das Kampfgelände zwischen Padiglione-Wald und Eisenbahnlinie stellt daher ganz allgemein für jeden Angriff, er
mag von Süden oder Norden erfolgen, die Forderung auf,
unter Einsatz aller schweren Waffen diesen gefährlichen
offenen Landstrich so rasch wie möglich zu überwinden.

Der Aufbau der deutschen Abwehr
22. 1.— 23. 1. 1944

(Skizze 3)

Der kurz vor 02.00 Uhr am 22. 1. einsetzende Feuerschlag
der Raketenwerfer-Schiffe auf Anzio-Nettuno und die be-
nachbarten Küstenabschnitte rief bei der 8. Kompanie Panzer-
Grenadier-Regiment 71 zunächst nicht den Eindruck einer
Feuervorbereitung für eine feindliche Landung hervor.

Zu häufig schon hatten alliierte Kriegsschiffe bei Tag und
Nacht ihnen wichtig dünkende Küstenziele beschossen, ohne
daß aus solchen Aktionen bisher ernsthaftere Absichten, als
die einer Beunruhigung der Küstensicherungen zu erkennen
gewesen waren. In diesem besonderen Falle lag erst recht
kein Grund zur Unruhe vor, nachdem gerade ab dieser Nacht
der bisherige Daueralarm aufgehoben worden war.

Es nimmt daher nicht wunder, daß 02.35 Uhr die Kompanie,
deren Bewachungsabschnitt sich fast vollständig mit dem ge-

samten feindlichen Landungsabschnitt deckte, dem Bataillon
lediglich „Schiffsartillerie-Beschuß von etwa 4—5 Kreuzern auf
Abschnitt Anzio-Nettuno" meldet. 02.45 Uhr allerdings erreicht
das Bataillon die Alarmmeldung einer Feindlandung größeren
Ausmaßes, aber ohne genauere Angaben. Gleich darauf reißt
die Drahtverbindung. So herrscht für die nächsten eineinhalb
Stunden über das Geschehen bei Anzio-Nettuno Unklarheit.
Die von den beiderseits anschließenden Kompanien sofort
angesetzte Aufklärung kann, da sie zu Fuß läuft, nicht so bald
neue Meldungen erbringen.

04.30 Uhr erhält der Abschnitts-Kommandeur die nächste
zuverlässige Meldung über die Großlandung bei Anzio-
Nettuno durch die Beobachtungsstellen der Küsten-Artillerie.
05.00 Uhr trifft die Alarmmeldung bei der Heeresgruppe ein.
Der Gegner hatte also doch und wohl überlegt die einmalige
Chance einer völligen Entblößung des Großraumes Rom von
deutschen Truppen zu nutzen gewußt.

In welche Richtung würde der nun mit Sicherheit sofort
folgende Stoß zielen? Direkt auf Rom als wichtigstem militärpolitischen Ziel oder über Cisterna-Velletri auf das Valmontone Tor?

Wenn der Gegner die einmalige, günstige Situation rasch
erkannte und tatkräftig ausnutzte, konnte er in jedem Falle
die Hauptversorgungsader des XIV. Panzer-Korps abschneiden
und dank der besonderen Straßen- und Geländeverhältnisse
eine Kesselschlacht einleiten.

Daß der Gegner hier eine Kesselschlacht schlagen wollte,
ging aus den über der Südfront abgeworfenen Flugblättern
hervor. (Siehe Abbildung)

Die Gegenmaßnahmen mußten daher, wenn sie für den
rechten Flügel der Südfront überhaupt noch etwas retten
konnten, mit höchstem Tempo eingeleitet und durchgeführt
werden. Dabei war alles, was an rasch verfügbaren Kräften

Alliierte Landung
bei ROM!

Starke Divisionen der 5. Armee mit Panzern und schwerer Artillerie stehen jetzt zwischen Dir und Rom. Die HKL im Sueden ist umgangen. Ob Du Dich nach Norden oder Sueden wendest, Du hast den Feind vor Dir und im Ruecken. Die Schlacht im Sueden wird zur Kesselschlacht.

Unter dem Schutz schwerer Flotteneinheiten und der ueberlegenen alliierten Luftwaffe schliesst sich ein unerbittlicher Ring. Mit einem Schlag ist Deine Lage eine verzweifelte geworden. Jeder Versuch der Entsetzung oder des Ausbrechens kann nur zu blutigen Verlusten fuehren, wie bei Stalingrad.

Die unmittelbare Zukunft bringt Dir ein blutiges, sinnloses Stalingrad, oder ein grausames Spiessrutenlaufen unter dem Hagel der anglo-amerikanischen Flieger, oder eine geordnete Uebergabe wie bei Tunis.

---

von Norden herangebracht werden konnte, vorwärts der Linie Albano-See — Ardea, alles was von Süden und Osten eintraf, vorwärts der Linie Cisterna — Velletri zur Verteidigung einzusetzen, um hier einen ersten Riegel gegen einen Durchbruch vorzuschieben. 06.00 Uhr gibt die Heeresgruppe das Stichwort „Richard" an alle Kommandostäbe und -behörden heraus. Über die Mob-Planung „Richard" hinaus werden folgende Maßnahmen eingeleitet:

Das I. Fallschirmjäger-Korps erhält den Befehl, sofort den Gegenangriff an der Südfront einzustellen und Vorbereitungen zu treffen, die 29. Panzer-Grenadier-Division beschleunigt wieder herauszulösen.

Die 10. Armee erhält darüber hinaus den Auftrag, die an der Adria-Front eingesetzte 26. Panzer-Division sowie die gerade an der Front nördlich Cassino eingetroffene 3. Panzer-Grenadier-Division schnellstens abzulösen und an den Landekopf in Marsch zu setzen. Bereitstellungsraum für die 26. Panzer-Division südlich Tivoli, für 3. Panzer-Grenadier-Division Valmontone.

Die in Zuführung zur 10. Armee begriffene 71. Infanterie-Division wird aus dem Raum Avezzano abgedreht und erhält Befehl, nördlich des Tiber den Küstenschutz zu übernehmen. General der Flakartillerie Ritter von Pohl wird beauftragt, mit seinen Flak-Batterien südlich Rom eine Sperre gegen einen Panzer-Durchbruch aufzubauen.

Der Kommandant von Rom mit einem improvisierten Stab wird mit der Führung des Kampfes gegen den gelandeten Gegner beauftragt. In der Anweisung für die Kampfführung wird betont, daß alle eintreffenden Einheiten in Zusammenarbeit mit der Flak so dicht wie möglich an den Landekopf heranzubringen sind, da es zur Verhinderung einer Durchbruchskatastrophe, wie auch für einen späteren Gegenangriff darauf ankommt, dem Gegner frühzeitig jeden Meter Boden streitig zu machen[1]. Die Luftflotte 2 wird gebeten, ab Tagesanbruch mit allen verfügbaren Maschinen die Landeflotte an-

---

[1] Anlage — Quellen: II/2

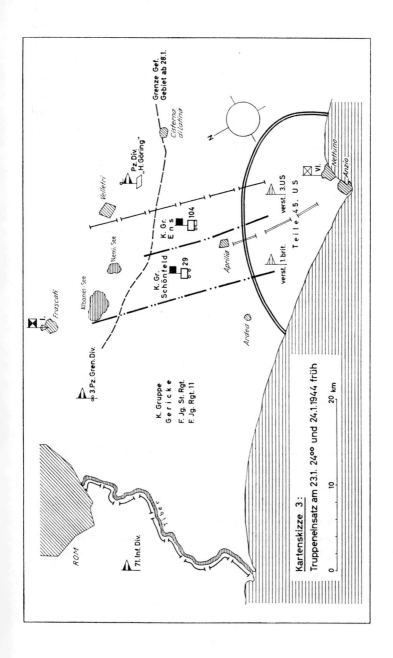

Kartenskizze 3:
Truppeneinsatz am 23.1. 24⁰⁰ und 24.1.1944 früh

ROM

71. Inf. Div.

Tiber

∞ 3. Pz. Gren. Div.

I.

Frascati

K. Gruppe
Gericke
F. Jg. St. Rgt.
F. Jg. Rgt. 11

Albaner-See

Nemi-See

Velletri

Pz. Div.
„H. Göring"

Cisterna
di Latina

Grenze Gef.
Gebiet ab 28.1.

K. Gr.
Schönfeld

K. Gr.
Ens

29

104

N

verst. 1. brit.

Aprilia

verst. 3. US

Teile 45. US

Ardea

VI.

Nettuno

Anzio

0   5   10   20 km

zugreifen, um die gegnerischen Ausladungen und den Vormarsch zu verzögern.

Nach knapp fünf Stunden sind alle von diesen Maßnahmen betroffenen Kommandostäbe und Truppenteile orientiert, und überall laufen die entsprechenden Maßnahmen an. Der Entzug aller Reserven bei der 10. Armee ließ es jedoch notwendig erscheinen, je nach Entwicklung der Lage am Landekopf, ein Zurückgehen auf den Senger-Riegel bzw. auf die Foro-Stellung ins Auge zu fassen[1].

Nachdem die Meldung über die Landung in den frühen Morgenstunden auch beim Wehrmachtsführungsstab eingegangen ist, gibt dieser am Vormittag fernmündlich und schriftlich den Abgabebefehl für den Fall „Marder I" — Landung an der Ligurischen Küste — an den Oberbefehlshaber Südost, den Befehlshaber Ersatzheer und den Oberbefehlshaber West heraus.

Der Oberbefehlshaber der Luftwaffe führt der Luftflotte 2 zu: I. und III. Kampfgeschwader 1 (Ju 88) von Luftwaffen-Kommando Südost. Ferner werden der Luftflotte 2 unterstellt: I. und III. Kampfgeschwader 26 (LT-Verbände), II. Kampfgeschwader 100 (Do 217), II. Kampfgeschwader 40 (He 177).

*

Was spielte sich am Landekopf selbst ab, indessen in den Stäben mit höchster Eile die Befehle ausgearbeitet und in die Tat umgesetzt werden?

Bis 06.00 Uhr sind aus den vorhandenen Bewachungskräften drei Kleinst-Sperrgruppen gebildet und eingesetzt:

Links an der Straße Cisterna — Nettuno, in Höhe von Isolabella, 5 Schützen-Panzerwagen-Gruppen der Panzer-Auf-

---

[1] Anlage — Quellen: II, 3

klärungs-Abteilung 29, dazu 1 Pak und 2 Sturmgeschütze (italienisch)

Mitte an der Straße Albano — Nettuno, hart südlich Aprilia eine Sturmgeschütz-Kompanie (italienisch) der 4. Fallschirmjäger-Division

Rechts an der Straße Ardea — Nettuno bei la Fossa 4 Panzer-Spähwagen der 1./Panzeraufklärungs-Abteilung 29 mit einem Zug der 5./Panzer-Grenadier-Regiments 71.

Eine Verbindung zwischen diesen drei Gruppen besteht nicht, im Zwischengelände herrscht Leere. Die Panzeraufklärungs-Abteilung 29 biegt ihre bisher zwischen Astura-Bach — Borgo Grappa eingesetzte 4. Kompanie nach Norden um und sichert im Zuge der von Westen her auf die Straße Borgo Sabotino, Borgo Piave zuführenden Straßen.

07.15 Uhr, mit Anbruch der Helligkeit, tasten sich Panzer-Spähtrupps der 1./Panzeraufklärungs-Abteilung 29 auf den Straßen Ardea—Nettuno, Aprilia—Nettuno und Cisterna—Isolabella an den Gegner heran. Die von ihnen im Laufe des Vormittags abgegebenen Meldungen besagen, daß der Gegner nur mit schwachen Aufklärungskräften und nur sehr vorsichtig vorfühlt. Größere Truppenbewegungen sind in dem weiten offenen Gelände nördlich des Padiglione-Waldes nirgends zu erkennen. (Siehe Anlage, Dokumente 2)

Gegen 08.00 Uhr, nach Sonnenaufgang und bei klarer Sicht auf See, eröffnen die bei Genzano in Stellung befindlichen 17-cm-Kanonen das Feuer auf die Landungsflotte. Wesentlich behindern können sie die Ausladungen jedoch nicht. Auch die etwa um die gleiche Zeit erstmals angreifenden 6 Me 109 können dem Gegner lediglich zeigen, daß die Deutschen da sind. Bei den an diesem Tage noch insgesamt durchgeführten 140 Anflügen, die infolge eines sehr dichten Abwehrfeuers nicht alle bis in den Landungsraum durchstoßen, wird 1 LCI versenkt.

In einer unerhörten Anspannung vergehen die ersten Vormittagsstunden. Jeden Augenblick ist von einer der drei Sperrgruppen die Meldung zu erwarten: „Gegner zum Angriff angetreten." Aber alles bleibt still. Lediglich über dem Padiglione-Wald kreisen die feindlichen Artillerie-Flieger und leiten das Feuer der Schiffsgeschütze auf vermutete Ziele entlang den Straßen, während weiter im Hinterland Jabos und zweimotorige Bomber Verkehrsknotenpunkte anfliegen und so versuchen, alle Bewegungen zum Erliegen zu bringen. Bis Mittag trifft auf dem Gefechtsstand der Korpsgruppe Schlemmer — Kommandant von Rom — in Grottaferrate als erster Führungsstab die „Kampfgruppe Gericke" ein. Ihr wird sofort der Befehl über den Abschnitt Aprilia — Ardea übergeben und alle darin eingesetzten Einheiten unterstellt [1].

Infolge unterschiedlicher Auffassung für die Ausführung der von der Heeresgruppe gestellten Aufgabe richtet die Korpsgruppe Schlemmer mit den über Tag eintreffenden Einheiten ihre erste Widerstandslinie viel zu weit vom Feind abgesetzt ein. Als der Oberbefehlshaber Südwest, Feldmarschall Kesselring, bei einem Frontbesuch am frühen Nachmittag diese Panne erkennt, ist wertvolles Gelände bereits verloren gegangen. Die Heeresgruppe befiehlt daher noch in derselben Stunde die umgehende Herauslösung des I. Fallschirmjäger-Korps aus der Südfront und Übernahme der Befehlsführung am Landekopf.

Dieser Frontbesuch erweckt in Feldmarschall Kesselring das sichere Gefühl, daß der Gegner bereits die erste Runde

---

[1] Wachzug OB Südwest
Wachzug Kommandant Rom
1 Batterie H.Flak-Abt. 307 zu Fuß
Sturmgeschütz-Abt. Schmitz in Aprilia
Tiger-Kompanie Schwebach
Fla-Zug 14./PzGrenRgt. 200
schw. Jäger-Geschützzug 13./Rgt. 191

im Kampf und in dem Wettlauf um die Zeit dank einer in dieser einmaligen Situation unbegreiflichen Angriffsmethodik zu Gunsten des Verteidigers verloren hatte. Die weiteren, über Tag von den Panzer-Spähtrupps eingehenden Meldungen lassen erkennen, daß der Gegner offensichtlich zunächst nur daran interessiert ist, seinen Landekopf zu sichern. So meldet die Panzeraufklärungs-Abteilung 29, daß der Gegner sich am Mussolini-Kanal bereits am Nachmittag eingräbt und Minen verlegt. Die Brückenübergänge über den Westzweig des Mussolini-Kanals bei Campomorto, le Ferriere — Borgo Montello, Sessano, Borgo Piave, Borgo Sabotino sind lediglich mit schwachen Infanteriekräften besetzt. An der Albano-Straße stehen die vordersten feindlichen Sicherungen an der Straßenüberführung Campo di Carne. Am Westflügel, in dem sehr unübersichtlichen Gelände des Padiglione-Waldes, ist er nach Abweisung seiner auf Ardea angesetzten motorisierten Aufklärung am Moletta-Bach liegen geblieben.

Während der Gegner ununterbrochen Schiff auf Schiff auslädt, und diese sofort wieder mit Südkurs auf Neapel auslaufen, um neue Truppen und Material heranzuholen, kommen die eigenen Verstärkungen nur in ganz dünnen Rinnsalen heran. So können bis zum frühen Nachmittag lediglich die Bataillone Hauber (Fallschirmjäger-Sturm-Regiment) und Heye (Fallschirmjäger-Regiment 11) der Kampfgruppe Gericke zugeführt und in dem Verteidigungsabschnitt Ardea — Aprilia eingesetzt werden.

Als erster Divisions-Stab meldet sich am späten Nachmittag in Grotta Ferrata die 3. Panzer-Grenadier-Division. Ihr folgt bald darauf der Stab der Fallschirm-Panzer-Division „Hermann Göring". Damit ist führungsmäßig die Grundlage für einen organisierten Aufbau der weiteren Kampfführung gegeben, sodaß das I. Fallschirmjäger-Korps, das ab 17.30 Uhr von der Korpsgruppe Schlemmer den Befehl am Landekopf übernommen hat, eine taktische Gliederung der Abwehrfront vornehmen kann.

Während die 3. Panzer-Grenadier-Division den Befehl über den Westabschnitt mit rechter Grenze: Tiber einschließlich, linke Grenze zu „Hermann Göring": Westrand Velletri — Colle Carano — „o" von Nettuno übernimmt, wird die Fallschirm-Panzer-Division „Hermann Göring" bis Terracina einschließlich befehlsführend. Beide Divisionen erhalten den Auftrag, unter allen Umständen einen Durchbruch des Gegners auf Rom oder auf das Valmontone-Tor zu verhindern. Alle in den beiden Abschnitten eingesetzten Truppenteile werden den beiden Divisionen unterstellt. Behindert durch die starke feindliche Fliegertätigkeit im Raum der Südfront bis weit nördlich Rom, treffen weitere Truppenteile erst nach Anbruch der Dunkelheit bzw. im Laufe der Nacht am Landekopf ein. Während im Abschnitt der 3. Panzer-Grenadier-Division noch in der Nacht zum 23. 1. durch den Einsatz des eigenen Grenadier-Regiments 29 und des Panzer-Grenadier-Regiments 104 (15. Panzer-Grenadier-Division) in und beiderseits Aprilia eine stärker besetzte Abwehrzone geschaffen werden kann, sichern im Abschnitt „Hermann Göring" weiterhin lediglich eine Panzerjäger-Kompanie, verstärkt durch leichte Flak des Flak-Regiments „Hermann Göring". Aufgeteilt in drei verstärkte Zuggruppen zwischen Borgo Piave — Cisterna, greifen diese die Sicherungen der 3. US.-Infanterie-Division an den Brücken-übergängen des Westzweiges des Mussolini-Kanals an, und es gelingt ihnen, dank sehr geschickten Vorgehens und eines wendigen Feuerzaubers, den Amerikaner bis auf Borgomontello zurückzuwerfen. Für einen Nachtangriff auf Borgomontello selbst reichen diese Kräfte aber nicht aus, da noch um 24.00 Uhr jeglicher infanteristischer Schutz fehlt [1].

---

[1] Anlage — Quellen: II/11

Was auf deutscher Seite dann niemand für möglich gehalten hatte — auch der 23. 1. vergeht, ohne daß der Gegner zum Großangriff antritt! Lediglich im Abschnitt „Hermann Göring" kommt es über Tag zum Kampf um die Brückenübergänge. Gegenüber dem hier in Kompaniestärke angreifenden Amerikaner müssen die schwachen Sicherungen zurückgenommen werden, sodaß am Abend der Gegner wieder im Besitz aller Übergänge über den Mussolini-Kanal ist.

Im Abschnitt der 3. Panzer-Grenadier-Division fühlt der Engländer ohne großen Nachdruck entlang der Albano-Straße über Campo di Carne hinaus gegen Carroteo und gegen den Oberlauf des Moletta-Baches vor. Alle Feindbeobachtungen dieses Tages ergeben nur das Bild, daß er weiter Truppen und Material auslädt, an Land gebrachte Batterien einschießt und seine erreichten Stellungen weiter ausbaut.

Mit allen einsatzbereiten Jägern und Jabos greift die eigene Luftwaffe den 23. 1. über die feindlichen Ausladungen an. Eine sehr starke Jagdabwehr sowie ein nahezu lückenloses Flak-Sperrfeuer, das radargeleitet ist, zwingen dazu, die Angriffe im Tiefflug in der Morgen- bzw. Abenddämmerung durchzuführen. Die Erfolge sind, da kaum ein Drittel der angreifenden Maschinen die doppelte Sperre durchbrechen kann, entsprechend gering.

Soweit die Schußweiten der in der Nacht neu herangebrachten eigenen Artillerie ausreichen, wird diese zum Beschuß der Landungsstellen und Bereitstellungsräume des Gegners eingesetzt. Die knappen Munitionsbestände lassen aber auch hier keinen großzügigen Einsatz zu.

Am Abend des 23. 1. kann die Krise somit noch nicht als überwunden angesehen werden. Immer noch konnte der Gegner bei einem am 24. 1. an einer Stelle und mit geballter Kraft geführten Angriff den Durchbruch auf Rom oder Valmontone erzwingen. Noch hatte der Gegner die Möglichkeit, mit seinen weit überlegenen Panzerkräften, seiner Artillerie und Infanterie und unter dem Schutz seiner absoluten Luftherrschaft das weitere Geschehen zu gestalten. Kilometerweit zwischen Cisterna und Aprilia war auch an den folgenden Tagen kein deutscher Soldat zur Verteidigung eingesetzt, sodaß hier amerikanische und britische Spähtrupps ungehindert bis zur Bahnlinie Cisterna — Rom vordringen konnten.

In der Nacht zum 24. 1. festigt sich der Verteidigungsring um den Landekopf durch das Eintreffen weiterer geschlossener Infanterie-, Artillerie- und Pioniereinheiten merklich. Vor allem kann das Loch bei Cisterna durch den Einsatz von Teilen der Fallschirm-Panzer-Grenadier-Regimenter 1 und 2 „Hermann Göring" sowie Teilen der 1. Fallschirm-Jäger Division notdürftig zugesperrt werden.

Die Ausweitung des Landekopfes[1]

Der 24. 1.

(Skizze 4)

Auch dieser Tag steht bei dem VI. US. Corps völlig unter dem Diktat der Planung dieser Landung, und so sieht der Befehl für die Kampfführung beider Divisionen lediglich eine verstärkte Aufklärung gegen Aprilia — Campoleone und über den Westzweig des Mussolini-Kanals auf Cisterna vor, Das gewonnene Gelände soll dabei möglichst gehalten werden, ohne aber große Verluste zu riskieren. Hauptaufgabe der Landungstruppe bleibt die Sicherung des errichteten Landekopfes, da man immer noch mit einem kurz bevorstehenden deutschen Gegenangriff rechnet und die von der 5. US.-Armee für die

---

[1] Von hier ab wird zu besserer Unterscheidung das Geschehen auf der Feindseite in Kursiv gedruckt

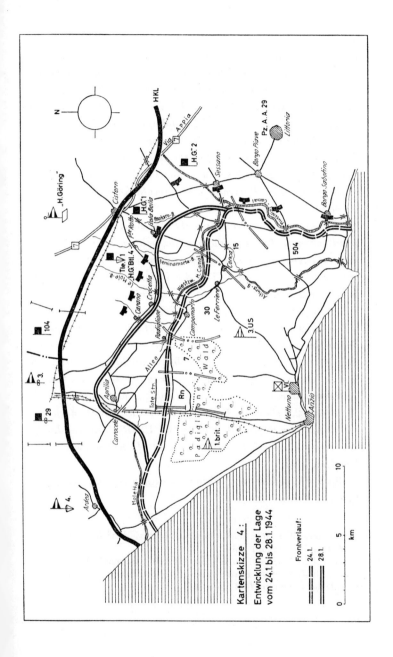

Kartenskizze 4:

Entwicklung der Lage
vom 24.1. bis 28.1.1944

Frontverlauf:

24.1.

28.1.

0   5   10

km

zweite Phase der Landung vorgesehenen Kräfte, 45. US.-Infanterie-Division und 1. US.-Panzer-Division (ohne Combat Command B), erst ab 24.1.im Landekopf eintreffen können[1]. In den höheren alliierten Führungsstellen wird man allerdings an diesem 24. 1. erstmalig etwas unruhig über das schleppende Geschehen im Landekopf Anzio-Nettuno. So äußert General Eisenhower in London sein Erstaunen, daß der Landekopf noch nicht tiefer ist[2]. Der Oberkommandierende der 5. US.-Armee fliegt selbst in den Landekopf, um sich persönlich über den Fortgang der Kampfhandlungen und der Ausladungen zu unterrichten.

Die einsetzende Wetterverschlechterung, scharfer Westwind, zwingt, die Ausladungen im britischen Abschnitt an diesem Tage völlig einzustellen und nach Anzio zu verlegen, wo die Pioniere bis 12.00 Uhr die Hafenmole so eingerichtet haben, daß 6 LST's gleichzeitig ausgeladen werden können, eine glänzende pioniertechnische Leistung.

Nachdem die über Tag angesetzte Aufklärung im britischen Sektor bis Campoleone vordringt und die deutsche Schwäche klar erkennen läßt, erhält die 1. britische Infanterie-Division den Befehl, am 25. 1. Aprilia zu nehmen (24. Brigade). Gleichzeitig wird der Division die bis dahin als Korps-Reserve zurückgehaltene 2. Infanterie-Brigade wieder unterstellt, nachdem das Infanterie-Regiment 179 der 45. US.-Division im Laufe des Tages ausgeladen worden ist und als Korpsreserve einbehalten wird.

Die 3. US.-Infanterie-Division erhält den Befehl, weiter auf Cisterna anzugreifen.

---

[1] Infanterie-Regiment 179 (45. US.-Infanterie-Division) trifft am 24. 1. im Landekopf ein.
Die 1. US.-Panzer-Division ohne Combat Command „B" geht am 24. 1. in Neapel an Bord von zwei Geleit-Zügen.
[2] Anlagen — Quelle: I/13 Seite 344

Die Planung des Korps geht dahin, nach Eintreffen der gesamten 1. US.-Panzer-Division, deren erste Teile im Laufe des 25. 1. an Land gehen, sofort den Großangriff zum Erreichen der gesteckten Angriffsziele anlaufen zu lassen.

*

Am Morgen des 24. 1., nachdem der Gegner durch sein Verhalten klar zu erkennen gegeben hatte, daß er sich für einen kühnen Durchbruchsangriff nicht stark genug fühlte, erläßt der Oberbefehlshaber Südwest seinen Befehl für die weitere Kampfführung.

Die 10. Armee soll sich in der derzeitigen Stellung weiter verteidigen und nur bei überlegenem Feinddruck hinhaltend kämpfend auf die Foro-Stellung bzw. den Sengerriegel ausweichen. Beide Stellungen sollen bevorzugt weiter ausgebaut werden.

Die 14. Armee übernimmt nach Eintreffen der Armeegruppe von Zangen in Norditalien ab 25. 1. die Befehlsführung am Landekopf, womit der erste Schritt für den Gegenangriff zur Zerschlagung des Landekopfes getan ist. Zunächst soll die Armee eine Ausweitung des Landekopfes verhindern. Ferner obliegt ihr die Sicherung des Küstenabschnittes zwischen Cecina — Tiber, sowie die Verteidigung von Elba.

Die Luftflotte 2 soll mit leichten Kräften den Kampf der 10. und 14. Armee unterstützen, mit ihren schweren Verbänden Schiffsraum bekämpfen.

Die Kriegsmarine soll an der Landestelle feindliche Seestreitkräfte und Schiffsraum bekämpfen, Minensperren aufbauen und den Küstenschiffsverkehr so sichern und ausbauen, daß bei Ausfall der Eisenbahnverbindungen hierauf zurückgegriffen werden kann[1].

Das Risiko, das die Heeresgruppe am 18. 1. mit der Abgabe

---

[1] Anlage — Quellen: II/3

der beiden motorisierten Reserve-Divisionen an die Südfront eingegangen war und das den Südflügel der 10. Armee mit der überraschenden Landung an den Rand einer Katastrophe gebracht hatte, war durch die starre Angriffsmethodik des Gegners wettgemacht.

*

Entsprechend dem Befehl des VI. US. Corps lebt die Gefechtstätigkeit an den beiden Brennpunkten südlich Cisterna und rittlings der Albanostraße im Raum Aprilia auf. Unterstützt durch eine massierte Land- und Schiffsartillerie, greift die 3. US.-Infanterie-Division in Bataillonsstärke mit Panzern und Infanterie entlang der von Isolabella und von Carano, Ponte-Rotto auf Cisterna zuführenden Straßen an. Isolabella wird in heftigen, bis zum Spätnachmittag andauernden Kämpfen gewonnen. Der Angriff auf Ponte-Rotto bleibt 2,5 km vor der Brücke über den Femina-Morta-Bach liegen.

Der Angriff der 1. britischen Division rittlings der Albano-Straße führt zum Gewinn von Carroceto.

*

Bei den Abwehrkämpfen in beiden Frontabschnitten machte sich das Fehlen der Masse der eigenen Artillerie stark bemerkbar.

An den übrigen Frontabschnitten verhält sich der Gegner den Tag über völlig ruhig. Durch das Feuer seiner weittragenden Schiffsgeschütze und seiner Landartillerie, die von Artl.-Fliegern geleitet werden, hält er jegliche Bewegung in dem völlig deckungslosen Gelände zwischen Cisterna-Aprilia und dem Padiglione-Wald nieder. Es ist daher nicht mehr möglich, Munition, Verpflegung oder Pioniermaterial übertags in die Stellungen zu bringen, geschweige denn, vorgeschobene Stellungen weiter auszubauen. Bei dem in den ersten Tagen herrschenden Durcheinander von Truppenteilen in der Front bedeutete der Zwang zur Versorgung bei Nacht eine sehr starke Behinderung.

Trotz aller erschwerenden Momente im Durcheinander des Aufbaues der Verteidigung kann sich die 14. Armee am Abend des 24. 1., nachdem nunmehr rund 26 000 Mann um den Landekopf versammelt sind, mit einiger Sicherheit den beiden Aufgaben widmen, die ihr vom Oberbefehlshaber Südwest gestellt worden sind.

Der 25. 1.

Der 25. 1. ist ein kalter, stürmischer Tag. Die Wellen tragen weiße Schaumkronen, und der Seegang zwingt die kleineren Schiffe, die Anker zu lichten und die Wellen abzureiten. Die Wetterfrösche machen bedenkliche Gesichter und die Seeleute fluchen; hatten nicht gerade sie bei der Planung des Unternehmens vor diesem Verbündeten der Deutschen ausdrücklich gewarnt! Aber noch können die Ausladungen über den Hafen Anzio zügig fortgesetzt werden. Durch eine Umorganisation der Transporte ist es sogar möglich, nunmehr täglich rund 4000 bis 6000 Tonnen Nachschubmaterial an Land zu bringen. Anteilig sind dabei 60 Prozent Munition, 20 Prozent Betriebsstoff und 20 Prozent sonstige Versorgungsgüter.

General Clark, der auch am 25. 1. den Landekopf besucht, befiehlt aufgrund der Lagebesprechung die rasche Heranführung weiterer Einheiten der 45. US.-Infanterie-Division, sowie die Zuführung der 1. Special-Service Force, einer gemischten kanadisch-amerikanischen Regiments-Gruppe. Der erste Geleitzug mit dem Divisionsstab und einer Kampfgruppe der 1. US.-Panzer-Division wird bis Mitternacht ausgeladen, die Einheiten werden in einen Versammlungsraum 7 km nördlich Anzio an der Albanostraße als Korpsreserve vorgeführt. Wegen des am 26. 1. zunehmend höheren Seeganges, verbunden mit Nebel, Regen und Hagel, muß die Zuführung des Restes der Division verschoben werden. Damit ist aber der Termin für den „allout attack" am 29. 1. in Frage gestellt; denn ohne den Rückhalt der 1. US.-Panzer-Division fühlt sich das VI. US. Corps für den Großangriff nicht stark genug. Der Wettlauf, wer zuerst die für den Generalangriff notwendigen Kräfte versammelt hat, geht somit weiter.

*

Im deutschen Einschließungsring sind am 25. 1. Teile von acht verschiedenen Divisionen eingesetzt, die unter dem Kommando des I. Fallschirmjäger-Korps von drei Divisionsstäben geführt werden:

Im Abschnitt „Ost", von der Küste bei Terracina — Carano die Fallschirm-Panzer-Division „Hermann Göring" (HG),

im Abschnitt „Mitte", beiderseits der Albanostraße, die 3. Panzer-Grenadier-Division,

im Abschnitt „West", bis zur Tibermündung, die 4. Fallschirmjäger-Division.

Die Versorgungslage der Truppe ist besonders schwierig, weil die 14. Armee über keinen eigenen Kolonnenraum verfügt und somit die Truppe mit eigenen Fahrzeugen Munition und Material aus den bis zu 300 km entfernten Armee-Lagern herbeikarren muß, ein Nachschubweg, dreimal so lang wie der Seeweg des Gegners, und dazu noch ständig unter der Bedrohung der feindlichen Luftwaffe. Die Ausfälle waren daher enorm hoch.

Zu Kämpfen kommt es am 25. 1. wiederum im Ostabschnitt, wo die 3. US.-Infanterie-Division mit zwei verstärkten Bataillonen versucht, entlang der Isolabella- und der Ponte-Rotto-Straße auf Cisterna vorzurücken. In der heftigen deutschen Abwehr bleibt der Angriff jedoch nach wenigen 100 m Geländegewinn liegen. Ein Ablenkungsangriff des Luftlande-Regiments 504 über den Mussolini-Kanal hinweg auf Littoria, der von dem Feuer eines Kreuzers und zweier Zerstörer unterstützt wird, kann durch einen Gegenstoß von wenigen Panzern und Selbstfahrlafetten der Flak von „HG" gestoppt werden. Die auf Borgo Piave angesetzte amerikanische Kompanie wird abgeschnitten und erleidet erhebliche Verluste. In der Nacht geht der Gegner auch wieder hinter den Kanal zurück und dokumentiert damit, daß er nicht beabsichtigt, den Landekopf in Richtung der Pontinischen Sümpfe zu erweitern.

Erfolgreicher für den Gegner ist der Angriff der durch Panzer verstärkten 24. britischen Infanterie-Brigade auf Aprilia. Unterstützt durch das Feuer von zwei Artillerie-Regimentern, gelingt es den Briten im zähen Angriff und nach Überwindung eines deutschen Minenfeldes vor Aprilia, in den Ort einzudringen. Das zur Verteidigung von Aprilia eingesetzte III./Panzer-Grenadier-Regiment 29 muß nach erheblichen Verlusten — allein über 100 Vermißte — am Nachmittag diesen äußerst wichtigen Stützpunkt in der deutschen Verteidigung dem Gegner überlassen. In einer Riegelstellung hart nördlich Aprilia wird ein weiteres Vorgehen des Gegners abgewehrt. An der übrigen Front verhält sich der Gegner ruhig.

Mit einem durch die Panzer-Abteilung 103 verstärkten Bataillon versucht die 3. Panzer-Grenadier-Division am 26. 1., Aprilia im Gegenangriff wiederzunehmen. Trotz aller Bravour kann das Bataillon den Briten Aprilia nicht wieder entreißen. Nachdem der Angriff bis an den Ortsrand vorgedrungen ist, fehlen die Kräfte, um den sehr schwierigen Häuserkampf zum erfolgreichen Ende zu führen. Erschwerend trat hinzu, daß gleichzeitig mit diesem Angriff auch der Gegner im Abschnitt des Panzer-Grenadier-Regiments 104 gewaltsam aufklärte, womit die Artillerie-Unterstützung des Angriffes auf Aprilia zerrissen wurde.

Am Nachmittag des 26. 1. greift auch der Amerikaner neuerlich im Ostabschnitt an. Aber selbst ein 70 Minuten dauerndes Trommelfeuer von drei Artillerie-Abteilungen bringt ihm keinen Erfolg. Im zermürbenden Kampf um die zu Widerstandsnestern ausgebauten Farmhäuser, die in dem offenen Gelände nach allen Seiten freies Schußfeld haben, bleibt der Angriff rasch liegen. Immer erst, wenn durch massiertes Artillerie- und Granatwerferfeuer sowie durch Panzerbeschuß ein Nest niedergekämpft ist, kann der GI die Nase heben und den Sprung gegen die nächsten, von Fallschirmjägern und Grenadieren des 1. und 2. Panzer-Grenadier-Regiments „HG" verteidigten Häusern wagen.

*

Der amerikanische Divisions-Kommandeur, in der Erkenntnis, daß ein weiteres Vorgehen mit den bisher eingesetzten Kräften das Ziel Cisterna nie erreichen wird, schlägt dem VI. US. Corps vor, den Angriff auf Cisterna mit der geballten Kraft der gesamten Division, unterstützt durch die Korps-Artillerie, zu führen, während dieses Angriffes im britischen Sektor stillzuhalten und, nach Erreichen von Cisterna, die gleiche Operation an der Albanostraße durchzuführen.

Das VI. US. Corps lehnt diesen Vorschlag unter dem Hinweis auf die bereits erreichten Erfolge im britischen Sektor ab. Aufklärungskräfte sollen dort bereits bei Station Campoleone stehen. Das Korps will lediglich noch das Eintreffen des Restes der 1. US.-Panzer-Division abwarten und alsdann hier den entscheidenden Angriff, unterstützt durch einen gleichzeitigen Angriff der 3. US.-Infanterie-Division auf Cisterna, führen. Der Angriff soll am 29. 1. anlaufen, denn an diesem Tag tritt gleichzeitig an der Cassino-Front das II. US. Corps gegen Cassino selbst und das X. britische Korps aus dem Brückenkopf am Garigliano zum Angriff an. Um die deutsche Verteidigung noch stärker zu belasten, sollen zu demselben

Zeitpunkt auch die Kanadier an der Adria-Front zum Angriff übergehen.

Im Gesamtoperationsplan der 5. US.-Armee ist zu diesem Zeitpunkt aus dem selbständigen Unternehmen „Shingle", an das man so große Hoffnungen geknüpft hatte, wiederum ein Teilunternehmen geworden. Die stille Hoffnung, die deutsche Front bei Cassino würde allein schon unter dem Eindruck der Landung bei Rom weich werden, ist endgültig zu Grabe getragen. Jetzt sollen wieder drei wuchtige, gleichzeitig geführte Hiebe den deutschen Widerstand zerschlagen.

Am 27. 1. wird in Gegenwart des Armeeführers die Angriffsplanung des VI. US. Corps besprochen. Ihr liegt folgende Feindlage-Beurteilung zugrunde:

„Die deutsche Verteidigung am Landekopf ist trotz ihrer zahlenmäßigen Überlegenheit (?) zu diesem Zeitpunkt (29. 1.) noch nicht wesentlich über die Einrichtung von Widerstandsnestern entlang den Straßen und eilige Feldbefestigungen und Minenlegungen hinaus gediehen.

Eigene Spähtrupps können noch immer ungehindert gegen die Straße No. 7 (Via Appia) und Campoleone aufklären. Die Stellungen, die die Deutschen im Zuge der Eisenbahnlinie Cisterna-Campoleone einrichten, scheinen nur für einen hinhaltenden Widerstand vorgesehen zu sein. Die Hauptwiderstandslinie ist in dem Höhengelände bei Cori-Velletri und den Albaner-Bergen zu erwarten."

Der Angriffsplan des VI. US. Corps sieht vor:

Angriff in zwei Kampfgruppen. Links, entlang der Albanostraße, mit Angriffsziel Höhen bei Albano, die verstärkte 1. britische Infanterie-Division und 1. US.-Panzer-Division. Letztere soll in Höhe von Aprilia hinter dem linken Angriffsflügel der Briten nach Westen ausholen, um die Albaner-Berge von Westen her angreifen zu können.

Rechts, mit Angriffsziel Cisterna, die verstärkte 3. US.-

Infanterie-Division mit unterstelltem Luftlande-Regiment 504 und Ranger-Regiment. Nach Einnahme von Cisterna Eindrehen nach Westen, um aus dem Raum Velletri die Albaner-Berge von Osten her zu nehmen.

Da die beiden Angriffsgruppen sich im Laufe des Angriffes auseinanderbewegen, wird auf Kontrolle und Koordination der beiden Angriffe besonderer Wert gelegt. Das Korps befürchtet, daß, wenn es zu sehr auseinandergezogen wird, die Deutschen am Ende die Gelegenheit ergreifen könnten, um das Korps gänzlich aufzuspalten. Eine Artillerie-Vorbereitung des Angriffes wird nicht für notwendig erachtet, aber stärkste Feuerunterstützung für den laufenden Angriff vorgesehen.

Die Luftwaffe soll zur Verschleierung einen Nebelvorhang legen. Der Angriff der 1. US.-Panzer-Division soll besonders durch die taktische Luftwaffe unterstützt werden.

Die noch in Stellung befindlichen Angriffstruppen sollen durch die neueingetroffene 45. US.-Infanterie-Division und die 1. US. Special Service Force abgelöst werden. Es stehen somit für diesen Angriff 3 volle Divisionen mit rund 350 Panzern zur Verfügung.

*

Wie beim Gegner stehen der 26./27. 1. auch auf deutscher Seite im Zeichen weiterer Planungen für die Fortsetzung des Kampfes. Ähnlich den gegnerischen Gedankengängen zielt auch die deutsche Planung darauf ab, die am Landekopf eingesetzten Kräfte nicht wirkungslos dort zu belassen, sondern sie durch Vernichtung des Landekopfes so rasch wie möglich für andere Aufgaben frei zu bekommen. Der Zeitpunkt für den Gegenangriff war daher so früh wie möglich zu wählen, das heißt, ehe der Gegner seine Kräfte weiter verstärkt haben konnte und für den Angriff wichtiges Gelände verloren gegangen war, andererseits die eigenen Kräfte aber auch stark genug für einen durchschlagenden Angriffserfolg waren.

Hitler schickte am 26. 1. um 04.50 an den Oberbefehlshaber Südwest folgenden Befehl:

1. Die feindliche Landungsgruppe wird voraussichtlich früher zum Angriff antreten, als der eigene Aufmarsch beendet ist.
2. Der feindliche Landekopf ist daher etwa in der bisherigen Ausdehnung umschlossen zu halten.
3. Während der Feind für seine Angriffe günstiges Wetter wählen wird, das den Einsatz seiner Luftwaffe gestattet, muß der eigene Gegenangriff eine für den Einsatz der feindlichen Luftwaffe ungünstige Wetterlage ausnutzen.
4. Der Angriff selbst muß unter stärkster Zusammenfassung der Artillerie und der infanteristischen Kräfte, zunächst abgesetzt von der Wirkung der feindlichen Schiffsartillerie, mit dem Ziel geführt werden, ein Stück des feindlichen Landekopfes nach dem anderen herauszubrechen und den Feind dann endgültig wieder ins Meer zu werfen.
5. . . . . .

Aus den im Abschnitt „Der Kampfraum Anzio-Nettuno" dargelegten Geländeschwierigkeiten heraus und unter Berücksichtigung der Tatsache, daß unbedingt Panzer den Angriff der Infanterie unterstützen mußten, um gegenüber dem sehr starken Gegner Erfolg haben zu können, bot sich lediglich das Gelände ostwärts der Albanostraße für einen solchen Angriff an. Ein an sich erwünschter Flankenangriff von Osten oder Westen war nur rein infanteristisch durchzuführen.

Der Wehrmachtsführungsstab hatte eine andere Ansicht, die sich am 27. 1. abends in einem Befehl dahingehend aussprach, daß es darauf ankomme, die britischen Kräfte, die nach den Erfahrungen der letzten Zeit als weniger abwehrkräftig gewertet wurden, mit Schwerpunkt anzugreifen und daß somit westlich der Albanostraße anzupacken wäre.

General Westphal wandte dagegen ein, daß nach den bisherigen Absichten, die sich aus der Beurteilung des Angriffsgeländes und der störenden feindlichen Beobachtung von See aus ergeben hatten, der Angriff ostwärts der genannten Linie angesetzt werden sollte. Nach Vortrag erklärte sich Hitler damit einverstanden, den Angriff ostwärts der Albanostraße zu führen, wenn das Gelände dort günstiger sei.

Unter Berücksichtigung der im Anmarsch befindlichen Verstärkungen glaubte die Armee, den 28. 1. als einen erstmöglichen Angriffstermin vorsehen zu können, da bis zu diesem Zeitpunkt die Masse der 26. Panzer-Division, die 715. Infanterie-Division (t.mot.), die 71. Infanterie-Division und Teile der 114. Jäger-Division, sowie die vom Ersatzheer gestellten Verbände eingetroffen sein mußten.

Es zeigte sich jedoch noch im Laufe des 26. 1., daß dieser Termin nicht eingehalten werden konnte, da die sehr starken feindlichen Luftangriffe auf Bahn- und Verkehrsknotenpunkte in Mittelitalien den Antransport laufend neu verzögerten. Die im Landmarsch herankommende 65. Infanterie-Division sowie die 26. Panzer-Division hatten durch das für Italien äußerst strenge Winterwetter in den Abruzzen mit sehr großen Marschschwierigkeiten auf den vereisten Straßen zu kämpfen. Die Marschausfälle bei den schweren Waffen der 26. Panzer-Division betrugen zum Teil bis zu 50 Prozent.

In Vorbereitung des Gegenangriffs wird am 27. 1. die inzwischen eingetroffene 65. Infanterie-Division westlich der Albanostraße zwischen die 4. Fallschirmjäger- und 3. Panzer-Grenadier-Division eingeschoben. Das Fallschirmjäger-Regiment 11 wird der 65. Infanterie-Division unterstellt. Panzer und Artillerie der 26. Panzer-Division werden, so wie sie am Landekopf eintreffen, an der Albanostraße bereitgestellt bzw. eingesetzt.

Die deutsche Luftwaffe greift unter Zusammenfassung aller verfügbaren Maschinen von Flughäfen in Norditalien und Südfrankreich her die Ausladungen in Anzio-Nettuno an. Dabei heißt es für den angreifenden deutschen Jabo, jeweils einen Flakvorhang aus über 60 — 90-mm- und mehreren

100 — 50/40/37- und 20-mm-Flakrohren zu durchbrechen. Bis zum 31. 1. kosteten diese Angriffe 97 Maschinen, sie sind aber so erfolgreich, daß der US.-Seebefehlshaber nach Vernichtung eines Kreuzers und zweier Zerstörer befiehlt, daß alle Kreuzer und Zerstörer ab 16.00 Uhr die hohe See aufsuchen müssen, um diesen gefährlichen Angriffen zu entgehen.

Auf der Bahnstrecke Rom — Albano herangebrachte 28-cm-Eisenbahngeschütze nehmen ebenfalls die Bekämpfung der Ausladungen im Hafengebiet Anzio-Nettuno auf. Da der Gegner diese Geschütze mit allen ihm zu Gebote stehenden Waffen bekämpft, ist ihr Einsatz leider nur sehr beschränkt möglich.

Am 28. 1. 04.55 meldet der Oberbefehlshaber Südwest seine nunmehrigen Absichten für den großen Gegenangriff. Da die für den Angriff vorgesehenen Verbände nicht vor dem 31. 1. heran sein können, wird der 1. 2. als neuer Angriffstermin vorgesehen.

Die 14. Armee wird sich für den Angriff ab 28. 1. wie folgt gliedern:

1. Generalkommando VII. Gebirgs-Korps: Sicherung der Küste zwischen Cecina — Tiber.

2. Generalkommando I. Fallschirmjäger-Korps zur Durchführung des Angriffes mit 65. Infanterie-Division rechts, dann Kampfgruppe „Gräser" als Hauptangriffsgruppe (3. Panzer-Grenadier-Division, 715. Infanterie-Division [t.mot.], darauf die 71. Infanterie-Division, hinter Kampfgruppe „Gräser" und 71. Infanterie-Division die verstärkte 26. Panzer-Division, ferner als Reserve die Fallschirm-Panzer-Division „Hermann Göring".

Kampfführung: Ab 28. 1. laufend Stoßtruppunternehmungen zur Klärung der Feindlage, planmäßige Bekämpfung der feindlichen Artillerie. Ab 1. 2. morgens Angriff auf der gesamten Front zur Zersplitterung des feindlichen Artilleriefeuers.

Hauptangriff durch Kampfgruppe „Gräser" und 71. Infanterie-Division mit gestaffelt folgender 26. Panzer-Division, um das feindliche Hauptkampffeld in Richtung Nettuno zu durchbrechen. Erstes Angriffsziel die Höhen nördlich 07—11 (?)[1]. Ob nach Erreichen dieses Zieles weiter auf Nettuno durchgestoßen oder nach Südosten bzw. Westen in den feindlichen Rücken einzudringen sei, hänge von der Lage ab. Sollte sich an einer anderen Stelle vor der Front des I. Fallschirmjäger-Korps eine weiche Stelle abzeichnen, würde dort nachgestoßen werden. Zur Unterstützung des Angriffes standen 39 leichte, 36 schwere Batterien, 9 Nebelwerfer-Batterien, 34 schwere, mittlere und 18 leichte Flak-Batterien, von denen allerdings ein Teil durch Luftabwehr gebunden war, zur Verfügung.

Aufgabe der Luftwaffe: freie Jagd über der Hauptangriffsgruppe sowie die Bekämpfung feindlicher Batterien durch Jabos. In den beiden Nächten vorher sollten die Verbände vor allem die feindlichen Seestreitkräfte angreifen, da dies über Tag nicht möglich war. Für den Fall, daß der Gegner bereits vor dem 1. 2. zum Großangriff antrete, müßte der eigene Gegenangriff aus der Abwehr heraus erfolgen. Auch für diesen Fall wurden die Vorbereitungen getroffen (auszugsweise).

*

An der Front vergeht der 28. 1. mit Ausnahme von schwachen feindlichen Aufklärungsvorstößen im allgemeinen ruhig.

Das Oberkommando der Wehrmacht benachrichtigt die Heeresgruppe, daß bei Aufnahme des feindlichen Großangriffes aus dem Landekopf heraus mit einer weiteren Landung bei Civitavecchia zu rechnen sei, wie glaubwürdige Quel-

---

[1] Die angezogene Karte fehlt in den Unterlagen

len mitteilten (japanisch-diplomatische Quelle aus Spanien). Die Heeresgruppe gibt daher den Befehl, die Hafenanlagen zur Sprengung vorzubereiten und beläßt die noch im Raum Civitavecchia verbliebenen Teile der 90. Panzer-Grenadier-Division neben den inzwischen zum Küstenschutz eingetroffenen Teilen der 362. Infanterie-Division.

In einem Tagesbefehl an die Heeresgruppe „C" weist Hitler darauf hin, welche Bedeutung er der Zerschlagung des Landekopfes beimißt:

„Die Landung bei Nettuno ist der Beginn der für 1944 geplanten Invasion Europas. Alle deutschen Streitkräfte müssen von dem fanatischen Willen beseelt sein, aus diesem Kampf siegreich hervorzugehen und nicht zu ruhen, bis der letzte Gegner vernichtet oder in die See zurückgeworfen ist."

Gelang es, den Landekopf bei Anzio-Nettuno zu zerschlagen, so mochte ein solcher Sieg vielleicht die doch sehr vorsichtig und auf Sicherheit bedachten Alliierten veranlassen, die Große Invasion noch einmal zu verschieben.

Im Hinblick auf die bevorstehenden Großkämpfe gibt die Armee den Befehl zur Evakuierung der gesamten Zivilbevölkerung aus dem Gebiet südlich der Linie: Cisterna — Lanuvio — Genzano — Ariccia Albano (Orte ausschließlich). Der Abtransport der Bevölkerung muß bis zum 31. 1. 24.00 durchgeführt sein. Alle leer nach rückwärts fahrenden LKW sind von der Truppe zu diesem Zweck einzusetzen. Da bis zum Abend des 28. 1. weitere Teile der 26. Panzer-Division sowie vorgeworfene Teile der 715. Infanterie-Division (t.mot.) bereits im Raum Rom eingetroffen sind, verfügt die Armee nunmehr über einige Reserven, um mit einer gewissen Ruhe dem zu erwartenden Angriff des Gegners entgegensehen zu können, und selbst erste Einsatzerkundungen für den Gegenangriff durchzuführen.

Der Vormittag des 29. 1. vergeht bei lebhaftem feindlichen

Störungsfeuer infanteristisch ruhig. Außer der feindlichen Schiffsartillerie kann die 3. Panzer-Grenadier-Division vor ihrem Abschnitt bis zu diesem Tag allein 21 feindliche Batterien aufklären, denen deutscherseits 14 gegenüberstehen. Dieses schon sehr ungleiche Rohrverhältnis wird durch einen Munitionsaufwand von 10 : 1 noch weit übertroffen.

Am Nachmittag klärt der Amerikaner in einem stärkeren Panzervorstoß entlang der Straße 148 von Carroceto nach Nordwesten auf. In Höhe des Moletta-Abschnittes kommt der Vorstoß an einer gesprengten und durch Flak und Minen gesicherten Brücke zum Stillstand.

Die Amerikaner müssen dabei die Erfahrung machen, daß Kettenfahrzeuge in den hier zwar breiten aber doch sehr tief gelegenen Bachgründen beim Halten sofort bis zur Wanne in den weichen Grund einsinken. Nach Verlust einiger Fahrzeuge zieht der Gegner sich bei Anbruch der Dunkelheit zurück.

Die Abwehr der Großangriffe
des VI. US. Corps

(Skizze 5)

I. Die Verteidigung von Cisterna

In dem Befehl des VI. US. Corps, dem die Planung von 27. 1. zugrunde lag, war festgelegt, daß der Angriff der 3. US.-Infanterie-Division auf Cisterna als Unterstützungs- und Ablenkungsangriff für den Hauptangriff der 1. britischen und 1. US.-PanzerDivision geführt werden sollte. In groben Zügen war der Angriff der 3. US.-Infanterie-Division zur Einnahme von Cisterna wie folgt geplant:

In der Annahme, daß die deutsche Hauptkampflinie nörd-

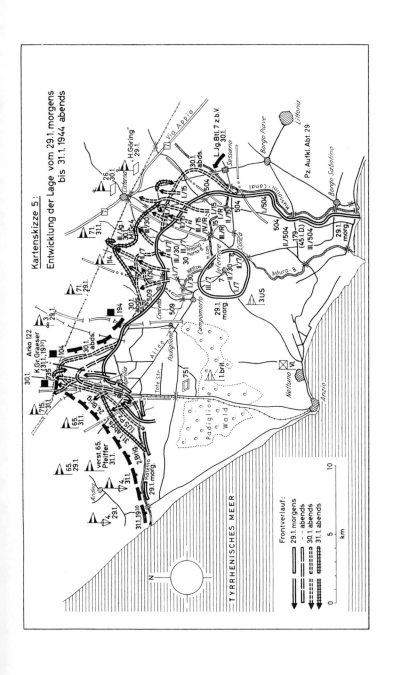

Kartenskizze 5:
Entwicklung der Lage vom 29.1. morgens
bis 31.1.1944 abends

Frontverlauf:
29.1. morgens
" .. " abends
30.1. abends
31.1. abends

0   5   10
              km

lich Cisterna verlief, sollten eine Stunde vor Angriffsbeginn, der auf 02.00 Uhr festgesetzt war, zwei Bataillone des Ranger-Regiments unter Ausnutzung der Deckung des Fosso Pantano in die deutschen Linien einsickern, die Stadt im Handstreich nehmen und sie bis zum Eintreffen der Masse der Division halten. Den eigentlichen Angriff führte das Infanterie-Regiment 7 entlang der Ponte-Rotto-Straße, das Infanterie-Regiment 15 entlang der Isolabella-Straße auf Cisterna. Das Luftlande-Regiment 504 sollte am Mussolini-Kanal entlang angreifen und den rechten Flügel der Division decken. Erstes Angriffsziel für alle drei Angriffsgruppen war die Straße No. 7. Zur Unterstützung des Infanterieangriffes standen außer der Korps-Artillerie sechs divisionseigene Artillerie-Abteilungen zur Verfügung. Panzer und Panzerjäger begleiteten den Angriff.

Um 02.00 Uhr am 30. 1., während von dem britischen Frontabschnitt schon sehr starker Gefechtslärm herüberschallt, tritt die 3. US.-Infanterie-Division in einer Breite von 18 km zwischen Mussolini-Kanal und Fosso Carano zum Angriff an. Die zwei Stunden voraus aufgebrochenen zwei Bataillone des Ranger-Regiments können zunächst unbemerkt durch die deutschen Linien vordringen, dann aber werden sie bei Verlassen des deckenden Bachgrundes und Vorgehen entlang der Isolabellastraße an einer Brücke, etwa 1 km vor Cisterna erkannt und von allen Seiten unter Feuer genommen. Jeder Versuch, bis zum Morgengrauen in Richtung Cisterna weiter vor oder zurück zu den eigenen Linien zu gelangen, bleibt im Abwehrfeuer liegen. Bei Hellwerden gehen örtliche deutsche Reserven, verstärkt durch einige Panzer, zum Gegenangriff über. Bis 12.30 Uhr sind beide Bataillone des Ranger-Regiments total vernichtet bzw. in Gefangenschaft gewandert. Von 767 Mann, mit denen die beiden Bataillone antraten, erreichten 6 die eigenen Linien.

Während sich dieser Vernichtungskampf in der Tiefe des deutschen Hauptkampffeldes abspielt, rennen die drei Angriffsgruppen der 3. US.-Infanterie-Division nahezu vergeblich frontal gegen die deutschen Stellungen an. Ein Einbruch gelingt nirgends, trotz massiertem und sehr gut geleitetem Artillerie-Feuer, trotz Panzer- und Panzerjägerunterstützung. Das zu Beginn gegen die schwachen Kräfte der Aufklärungsabteilung 356 und des Luftwaffenjäger-Bataillons z. b. V. 7 gut vorankommende Luftlande-Regiment 504 sieht im Donner der in die Luft fliegenden Brücken über den Mussolini-Kanal seine Hoffnungen untergehen, Panzer über den Kanal zu bringen, um die Straße 7 südlich Cisterna zu sperren. Der mit geringen Reserven aus Borgo Sessano heraus tapfer vorgetragene Gegenstoß des Luftwaffenjäger-Bataillons z. b. V. 7 macht dem amerikanischen Regiment zudem schwer zu schaffen.

Bis zum Abend des 30. 1. hat die 3. US.-Infanterie- Division in Richtung Cisterna lediglich 1—2 km Gelände gewonnen. Das I. Fallschirmjäger-Korps sieht zu Ausgang dieses ersten Kampftages die Lage im Ostabschnitt aber doch als so angespannt an, daß es im Hinblick auf die zu erwartende Fortsetzung des amerikanischen Angriffs noch am Abend die gesamte 26. Panzer-Division in den Raum Cisterna verlegt mit dem Auftrag, sich für einen Gegenangriff am 31. 1. bereitzuhalten.

Am 31. 1., wie erwartet, greift die 3. US.-Infanterie-Division bei Tagesanbruch wieder an. Wenn sie versucht hatte, am 30. 1. überraschend und ohne Artillerievorbereitung zum Erfolg zu kommen, so steht der 31. 1. im Zeichen eines sehr starken Materialeinsatzes. Auf geringerer Frontbreite, zwischen Isolabella und Fosso Carano, läßt der Gegner seine Infanterie und Panzer hinter einer Feuerwalze angreifen. Die feindliche Luftwaffe legt im Hintergelände zur Blendung der deutschen Artillerie-Beobachtungsstellen einen Nebelvorhang, während ein chemisches Bataillon dicht vor den eigenen Linien einen gleichen Vorhang zieht, um den Angriff zunächst zu verschleiern.

Wieder entbrennt der wilde Kampf, vor allem um die Farmhäuser. Die Verluste auf beiden Seiten sind schwer. Aber während die gegnerische Artillerie weiterhin über genügend Munition verfügt, um abteilungsweise auf einzelne Farmhäuser zu schießen, hat sich das Artillerie-Regiment „Hermann Göring" im Laufe des Vormittags nahezu verschossen. Das I. Fallschirmjäger-Korps gibt daher der 26. Panzer-Division, trotzdem diese nach der nächtlichen Verlegung für einen Gegenangriff noch nicht genügend vorbereitet ist, den Befehl zum Antreten, da der Gegner inzwischen an manchen Stellen bis auf knapp 1000 m an die Stadt herangekommen ist.

Um 14.30 Uhr rollt der Angriff der 26. Panzer-Division in zwei Kampfgruppen, links an der Isolabellastraße und rechts an der Ponte-Rotto-Straße, an. Zunächst muß die an der Isolabellastraße angreifende Regiments-Gruppe einen gerade laufenden amerikanischen Angriff abwehren, ehe sie selbst weiter vorgehen kann. Bis zum Einbruch der Dämmerung gelingt es ihr aber, den Gegner bis dicht vor Isolabella zurückzuwerfen.

Die auf der Ponte-Rotto-Straße angesetzte Kampfgruppe gerät nach Überschreiten des Bahndammes in schweres Sperrfeuer, das Panzer und Panzergrenadiere voneinander trennt. Aber auch hier gelingt es, den Gegner — allerdings unter erheblichen eigenen Panzerverlusten — zurückzudrängen.

Weiter westlich, im Abschnitt zwischen Fosso Femina Morta — Fosso le Mole, der nur von ganz schwachen deutschen Kräften verteidigt wird (71. Infanterie-Division, Gruppe Raapke), entsteht im Laufe des Tages eine sehr gefährliche Situation, da hier das US.-Infanterie-Regiment 7, unterstützt von Panzern, bis in die Höhe der Hochspannungsleitung vorstoßen kann, und zwischen hier und der Straße No. 7 fast keine Kräfte mehr vorhanden sind. Bis zum Abend nutzt der Gegner diesen Erfolg nicht aus, zieht sich vielmehr bei Anbruch der Dunkelheit um einige 100 m zurück, sodaß in der Nacht zum 1. 2. dieses Loch mit Mühe und Not durch ein Bataillon der 26. Panzer-Division gestopft werden kann[1].

Am 1. 2. fehlt dem weiteren Angriff der Amerikaner zwischen Ponte Rotto und Isola Bella nunmehr doch der Schwung, so daß sich die Stellungen gegenüber dem Abend des 31. 1. kaum mehr verändern. Die Gefechtsaufklärung am Abend des 1. 2. ergibt, daß die 3. US.-Infanterie-Division ihre am weitesten vorgeprellten Spitzen zurücknimmt und sich eingräbt.

Es ist nicht bekannt, warum die 3. US.-Infanterie-Division ihren Vorteil im Angriffsabschnitt des Infanterie-Regiments 7 nicht wahrnahm und in die Tiefe vorstieß, zumal das in Höhe des Bahndammes einsetzende Weinberggelände infanteristisch ganz ausgezeichnete Möglichkeiten für ein rasches Vorgehen bot. Gewiß war die 3. US.-Infanterie-Division am Abend des 31. 1. erheblich angeschlagen, aber daß sie noch nicht außer Atem war, zeigte ihr dritter Angriff am 1. 2., allerdings an der falschen Stelle.

II. Der Verteidigungskampf an der Albanostraße

Der Angriff der 1. britischen Infanterie-Division sollte in einem wuchtigen, schmal geführten Angriff entlang der Albanostraße als erstes Ziel Osteraccia hart nördlich Statione Campoleone erreichen, während die 1. US.-Panzer-Division westlich der Albanostraße über das Höhengelände südlich des Moletta-Bachgrundes ausholend, den Angriff auf Campoleone aus westlicher Richtung führen sollte. Beide Angriffsgruppen

---

[1] Anlage — Quellen: II/5

verfügten über sehr starke Panzerunterstützung, die Masse der Korpsartillerie stand ihnen zur Verfügung.

Am 29. 1., 23.00 Uhr, tritt die 3. britische Infanterie-Brigade gegen die Stellungen des Panzer-Grenadier-Regiments 29 zum Angriff an. Ihr erstes Angriffsziel ist die Straßenkreuzung 1 km südlich Statione Campoleone. Der Angriff macht dem Panzer-Grenadier-Regiment 29, das durch die vorausgegangenen Kampftage schon erheblich angestrengt ist, schwer zu schaffen. Um 05.00 Uhr am 30. 1. sind ein Bataillon und zwei zur Verstärkung eingesetzte Pionier-Kompanien aufgerieben. Der Anschluß zum rechten Nachbarn, der 65. Infanterie-Division, ist abgerissen. Gegen 09.00 Uhr hat sich die Artillerie der 3. Panzer-Grenadier-Division nahezu verschossen. Durch den persönlichen Einsatz des Divisions- und Regiments-Kommandeurs gelingt es jedoch, in den frühen Vormittagsstunden einen Gegenstoß in Gang zu bringen, der beim Gegner eine gewisse Verwirrung hervorruft und zur Folge hat, daß Teile der 1. US.-Panzer-Division der 1. britischen Infanterie-Division zu Hilfe geschickt werden. Eine — wie sich später herausstellte — überflüssige Maßnahme, die aber gewisse verzögernde Wirkungen auf den Angriff der Amerikaner ausübte. Gegen Mittag hat die 1. britische Division aus eigener Kraft die Lage wieder in der Hand und greift neuerlich um 15.00 Uhr Statione Campoleone an. Das am Ende seiner Kräfte angelangte Panzer-Grenadier-Regiment 29 muß gegenüber dem übermächtigen Gegner auf den Eisenbahndamm zurückweichen. Hier aber wird der Angriff der Briten durch das fürsorglich noch in der Nacht zum 29. 1. eingesetzte Grenadier-Regiment 735 der 715. Infanterie-Division (t.mot.) abgewiesen. Da die britischen Panzer den steilen Bahndamm bzw. Einschnitt nicht überwinden können, gelingt es auch der gegnerischen Infanterie nicht, dieses Hindernis zu überwinden. Ansätze, die zwischen der 3. Panzer-Grenadier-Division und

der 65. Infanterie-Division klaffende Lücke durch einen Vorstoß von gepanzerten Aufklärungskräften auszunutzen, enden
mit einem Fehlschlag.

Der Unterstützungsangriff der 1. US.-Panzer-Division über
das Höhengelände hinweg von Westen auf Statione Campoleone kommt überhaupt nicht zur Entwicklung. Die Erfahrung
des Vortages bei dem gepanzerten Vorstoß wiederholt sich.
Das US.-Panzer-Regiment 1 kommt infolge der Geländeschwierigkeiten nicht zur Entfaltung. Der Angriff bleibt an
der Straße kleben und wird hier von der Flak und Pak des
Fallschirmjäger-Regiments 11 zusammengeschossen. Bis zum
Abend des 30. 1. hat die amerikanische Angriffsgruppe knapp
500 m Boden gewonnen.

Der Versuch der 1. brit. Infanterie-Division, verstärkt durch
Teile der 1. US.-Panzer-Division, am 31. 1. den Eisenbahndamm
zu überwinden, wird abgewiesen. Zu fest haben sich nun die
deutschen Verteidiger in diese günstige Abwehrstellung ver-
krallt. Keine noch so große Tapferkeit der britischen Infanterie und auch kein stundenlanges Trommelfeuer hilft, den
Bahndamm zu nehmen. Aus den den Bahndamm überhöhenden
Widerstandsnestern in den Bahnhofsanlagen und den dahinter
und daneben liegenden Häusern wird jeder Angriff abgewiesen.
In diesen auf nächste Entfernung geführten Kampf kann auch
die gegnerische Luftwaffe nicht unterstützend eingreifen. Trotz
sehr schwerer Verluste durch den immensen Materialeinsatz
des Gegners hält auch hier bis zum Abend des 31. 1. der
deutsche Abwehrring um den Landekopf.

In der Nacht zum 1. 2. nimmt das VI. US. Corps die 1. US.-
Panzer-Division aus der Front heraus, während die 1. britische
Division den Befehl erhält, in der erreichten Stellung zur
Verteidigung überzugehen.

Die deutschen Teilangriffe zur Einengung
des Landekopfes

(Skizze 6)

Mit der Einstellung des gegnerischen Angriffes und dem Übergang zur Verteidigung wird die Initiative für das weitere Geschehen in deutsche Hände gelegt.

Es kam für die 14. Armee nunmehr darauf an, so schnell wie möglich zum Gegenangriff zu schreiten, damit dem Gegner keine Zeit verblieb, seinen Landekopf weiter zu verstärken. Es war dabei allerdings zu berücksichtigen, daß der Gegner jederzeit versuchen konnte, in Abstimmung mit den seit einigen Tagen an der Südfront laufenden Angriffen auch wieder im Landekopf aktiv zu werden.

Der Wehrmachtsführungsstab hatte die Heeresgruppe zudem darauf hingewiesen, daß die Verstärkungen nur für beschränkte Zeit zur Verfügung gestellt werden könnten. Darüber hinaus hatte die Heeresgruppe die 14. Armee benachrichtigt, daß durch die sehr harten Kämpfe an der Südfront mit Munitionsnachschubkürzungen für den Landekopf zu rechnen sei, und daß unter Umständen Kräfte von dort zur 10. Armee abgezogen werden müßten.

Diesen Hinweisen gegenüber stellte die 14. Armee die berechtigte Forderung auf, daß ein Angriff zur Beseitigung des Landekopfes in Anbetracht des sehr starken Gegners nur nach gründlicher Vorbereitung und entsprechender Materiallagerung erfolgreich sein könne, zumal eine Wiederholung des Angriffes, wenn er beim ersten Mal scheitern sollte, wohl außerhalb jeder Möglichkeit läge.

Die Armee verwies weiterhin auf die Schwächen der für den Großangriff zur Verfügung gestellten Truppen, eine Ansicht, die von der Heeresgruppe voll und ganz geteilt wurde.

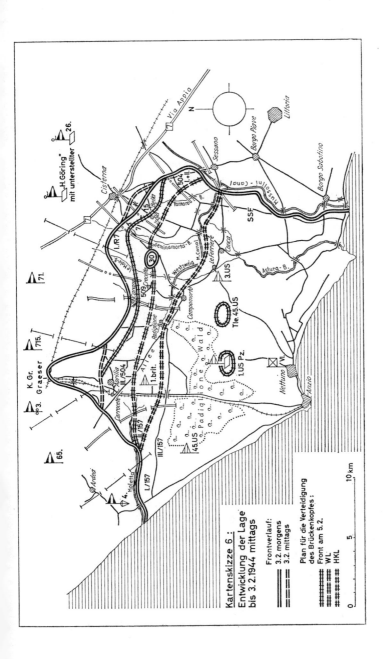

Kartenskizze 6 :
Entwicklung der Lage
bis 3. 2.1944 mittags

Frontverlauf:
3.2. morgens
3.2. mittags

Plan für die Verteidigung
des Brückenkopfes :
Front am 5.2.
WL
HKL

0   5   10 km

Ferner hatte es sich in den Kämpfen gezeigt, daß die im Einschließungsring eingesetzten Verbände durch einen einzigen Korpsstab nicht mehr zu führen waren, andererseits Truppenzusammenfassungen unter Divisionsstäben, die über nicht ausreichende Nachrichtenmittel verfügten, Schwierigkeiten mit sich brachten, die im Hinblick auf den Großangriff nicht tragbar waren[1]. Die Heeresgruppe sah sich daher veranlaßt, den Stab des LXXVI. Panzer-Korps an der Adria-Front herauszulösen und mit der sofortigen Befehlsübernahme im Ostabschnitt des Landekopfes zu betrauen. (Durchgeführt am 5. 2.)

Die Absicht der 14. Armee für die Kampfführung der nächsten Tage ging dahin, einmal den Ausbau der derzeitigen Verteidigungsstellungen voranzutreiben, um einen feindlichen Durchbruch zu verhindern, — mit dieser Aufgabe war für das I. Fallschirmjäger-Korps der Auftrag verbunden, zwischen Ardea — Albano den „Campagna-Riegel" einzurichten — des weiteren sollten aber beide Korps bis zum Eintreffen aller Angriffsverbände den Gegner durch fortgesetzte Teilangriffe an der gesamten Front schwächen und günstige Ausgangsstellungen für den Großangriff schaffen. Im Armeebefehl vom 1. 2. heißt es:

„Jeder Soldat muß sich über die Bedeutung des Kampfes, den die Armee nunmehr führen muß, völlig im klaren sein. Es wird nicht nur über den Besitz von Rom und die Verteidigung Mittelitaliens, sondern auch über das Schicksal der 10. Armee entschieden. Der Führer fordert daher von der 14. Armee, daß dieser Kampf unter allen Umständen siegreich bestanden wird."

Durch die fortgesetzten, sehr schweren Bombenangriffe der alliierten strategischen Luftwaffe auf das norditalienische Verkehrsnetz verzögerte sich die Heranschaffung der vom Oberkommando der Wehrmacht zugeführten Verbände, sodaß

---

[1] Unterstellung 26. Pz.Division unter Fallschirm-Pz.Division „HG"

nach Ansicht der Armee mit dem Beginn des Großangriffes vor Mitte Februar nicht zu rechnen war.

Ein erster Angriff mit begrenztem Ziel hatte selbstverständlich dem britischen Frontbogen nördlich Aprilia zu gelten. Als nächster war die Wiedereinnahme von Aprilia selbst als wichtigstem Stützpunkt und Artillerie-Beobachtungsstelle für den Großangriff eine zwingende Notwendigkeit. Diese Angriffe mußten so rasch wie möglich erfolgen, um dem Gegner keine Zeit zu lassen, seine Stellungen auszubauen.

An gegnerischen Truppenteilen waren am 1. 2. durch Gefangene und Beutepapiere festgestellt: die 3. US.-Infanterie-Division, das Ranger-Regiment, das 504. Luftlande-Regiment, die 1. US.-Panzer-Division, die 1. britische Infanterie-Division. Vermutet wurden ferner die 45. US.-Infanterie-Division, eine weitere britische Infanterie-Division sowie Teile der 2. US.-Panzer-Division und ein weiterer Korpsstab.

Der Angriff zur Zerschlagung des britischen Frontbogens und zur Einnahme von Aprilia, der der Kampfgruppe „Gräser" oblag, sollte daher bereits in der Nacht vom 2./3. 2. anlaufen. Während dabei die Kampfgruppe „Gräser", bestehend aus 3. Panzer-Grenadier-Division, 715. Infanterie-Division (t.mot.) und Artillerie-Kommandeur 122 von Norden und Osten angriff, sollte die 65. Infanterie-Division von Westen vorstoßen und die Vereinigung hart nördlich Aprilia erfolgen. In der zweiten Phase sollte das gleiche Verfahren zu der Einnahme von Aprilia selbst angewandt werden. Hierbei sollte die Kampfgruppe „Gräser" den Gegner im Norden von Aprilia fesseln und ihren Hauptangriff von Osten, die 65. Infanterie-Division von Westen her durchführen. Die neue Hauptkampflinie war etwa 500 m südlich Aprilia einzurichten.

Durch einen Angriff von etwa 30 zweimotorigen Bombern am Nachmittag des 2. 2. wird der Befehlsstand des Artillerie-Kommandeurs 122 mit den Befehlsstellen des Artillerie-Regiments 3 und des Panzer-Artillerie-Regiments 93 (26. Panzer-Division) zusammengeschlagen und das gesamte Artillerie-Netz lahmgelegt. Der Angriff muß daher um 24 Stunden verschoben werden.

Als dritter Angriff mit begrenztem Ziel war die Wiedereinnahme der Brückenstelle bei Ponte Rotto im Ostabschnitt des Landekopfes südwestlich Cisterna vorgesehen. Der Besitz dieser Brücke war für weitere Absichten in diesem Frontabschnitt von Wichtigkeit. Zeitlich sollte dieser Angriff, geführt von der 26. Panzer-Division, dem Angriff auf Aprilia auf dem Fuß folgen.

Neben diesen drei größeren Angriffen mit begrenztem Ziel sollten alle in der Front eingesetzten Verbände durch verstärkte Spähtruppunternehmen den Gegner ununterbrochen beunruhigen und vor allem seinen Stellungsbau in der Front stören.

Die Lage beim Gegner am 2. 2.

Am 2. 2. früh orientierte das VI. US. Corps seine Divisionen, daß alle Angriffe eingestellt und zur Verteidigung übergegangen werden solle, weil laut Orientierung durch die Armee die Deutschen am Landekopf bedeutend mehr Kräfte zur Verfügung hätten, als man bei der Planung voraussehen konnte, und die Deutschen einen Gegenangriff vorbereiteten, um den Landekopf zu zerschlagen. Der Landekopf müsse aber im Hinblick auf die weiteren Operationen unter allen Umständen gehalten werden. Der endgültige Befehl zur Verteidigung ergeht am 4. 2. Darin wird die alte Brückenkopflinie zur Hauptkampflinie erklärt. Vorwärts dieser Linie soll der Abwehrkampf aus den derzeitigen Stellungen und aus einer Zwischenlinie etwa im Zuge: Moletta-Bach — Carano — Isolabella in aller Härte geführt werden. Genau wie 14 Tage vorher auf

deutscher Seite, wird in Anbetracht des völlig offenen Ver-
teidigungsgeländes auf den starken Ausbau aller Siedlungs-
häuser zu rundumverteidigten Stützpunkten besonders hin-
gewiesen. In diesen Stützpunkten fest eingebaute Panzer und
Panzerjäger sollten ihre Abwehrkraft wesentlich verstärken.
Der Oberkommandierende der 5. US.-Armee, der in den ersten
Februartagen den Landekopf besuchte, sicherte die Zuführung
weiterer Verstärkungen, vor allem an schwerer Artillerie und
Flak zu. Die inzwischen gelandete Special Service Force löste
am Mussolini-Kanal die 45. US.-Infanterie-Division ab, die im
gleichen Zuge den Moletta-Abschnitt von der 1. britischen
Division übernahm. Die durch eingetroffene Teile der 56. briti-
schen Division und ein Bataillon des 504. Luftlande-Regiments
verstärkte 1. britische Infanterie-Division behält den Abschnitt
an der Albanostraße. Die 3. US.-Infanterie-Division behält
ihren Abschnitt rechts anschließend bis zur Küste. Rund
100 000 Mann mit 400 Panzern und Panzerjägern machen sich
zur Abwehr des deutschen Angriffes bereit. Das Artillerie-
Nachrichtennetz wird so ausgebaut, daß ein vorgeschobener
Beobachter in der Lage ist, mit der gesamten Divisions-
Artillerie und im Notfalle auch mit der gesamten Korps-
Artillerie schießen zu können. Die 1. US.-Panzer-Division steht
als wuchtige Eingreifreserve des Corps zur Verfügung. Mit
der taktischen Luftwaffe ist vereinbart, daß sie zum massierten
Einsatz auf frontnahe Ziele herangezogen wird. Zur Ver-
stärkung der Landartillerie kreuzen auf See mehrere Kreuzer
und Zerstörer, und im Hafen von Neapel liegen weitere Schiffe
bereit, die innerhalb von vier Stunden nach Eintreffen einer
Alarmnachricht am Landekopf eintreffen können[1].

---

[1] Anlage — Quellen: I/5 und 6

Der Angriff zur Beseitigung des britischen Frontbogens
und zur Wiedereinnahme von Aprilia am 3. 2.

(Skizze 7)

Diesiges, regnerisches Wetter am 3. 2. begünstigte über Tag die Bereitstellung zum Angriff. Die gegnerische Luftaufklärung war durch die niedrige Wolkendecke daran gehindert, über die eigene Front vorzudringen, sodaß die Vorbereitungen für den Angriff nur unwesentlich durch gelegentliches Artillerie-Störungsfeuer behindert wurden.

Am 3. 2., 23.00 Uhr, läuft der Angriff, eingeleitet durch einen massierten Feuerschlag der Artillerie an. Es gelingt jedoch nicht, noch vor Anbruch der Helligkeit den britischen Verteidiger nördlich Aprilia völlig abzukneifen. Die in dem Frontsack eingesetzte 3. britische Infanterie-Brigade mit ihren Garde-Bataillonen wehrt sich verbissen ihrer Haut, sodaß am Morgen ein schmaler Verbindungsschlauch offen bleibt.

Der Gegner reagiert auf diesen deutschen Angriff mit großer Heftigkeit und versucht im Laufe des Tages, durch mehrere Gegenangriffe in Bataillons-Stärke, unterstützt von Panzern, der eingezwängten 3. Brigade Luft zu schaffen. Diese Gegenangriffe können jedoch in guter Zusammenarbeit aller Waffen abgewehrt werden, wobei der Gegner bis zum Abend des 4. 2. nahezu 500 Gefangene einbüßt.

Zur endgültigen Schließung der Frontlücke und zur Vernichtung des Gegners nördlich Aprilia wird der Angriff in der Nacht zum 5. 2. erneuert. Bis zum Morgen ist das Angriffsziel erreicht und eine durchgehende neue Hauptkampflinie etwa 1 km nördlich Aprilia geschaffen.

1400 Mann haben die Briten in diesen beiden Kampftagen verloren, aber auch die Kampfgruppe „Gräser" sowie die 65. Infanterie-Division sind so mitgenommen, daß ein so-

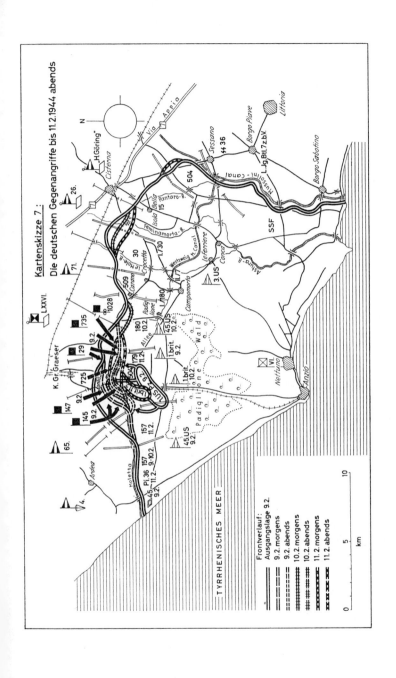

Kartenskizze 7 :

Die deutschen Gegenangriffe bis 11.2.1944 abends

fortiges Antreten zum Angriff auf Aprilia ohne vorherige Zuführung von Ersatz und ohne Neugliederung nicht durchgeführt werden kann. Hinzu tritt, daß das LXXVI. Panzer-Korps ab 5. 2. den Befehl im Ostabschnitt des Landekopfes übernimmt und damit die Kampfgruppe „Gräser" bei Fortführung des Angriffes nunmehr dem LXXVI. Panzer-Korps untersteht, was weitere Neuorganisationen und Umgliederungen mit sich bringt.

Der Angriff zur Wiedereinnahme von Aprilia wird daher auf die Nacht vom 7./8. 2. festgesetzt. Um aber dem Gegner keine Ruhe zu lassen, erhält die 26. Panzer-Division den Befehl, in der Nacht vom 5./6. 2. den geplanten Angriff auf die Brückenstelle Ponte Rotto durchzuführen.

Der Nachtangriff der 26. Panzer-Division auf Ponte Rotto

Die Division plante den Angriff mit zwei kleinen Kampfgruppen, jeweils einem Panzer-Grenadier-Bataillon, verstärkt durch Panzer und Pioniere, zwischen der Ponte-Rotto-Straße und Le-Mole-Bach zu führen. Ziel des Angriffs war, den Übergang über den Fosso Femina Morta wiederzugewinnen und einen kleinen Brückenkopf einzurichten.

Der Angriff der beiden Kampfgruppen war zeitlich abgestuft, das heißt die rechte Gruppe sollte zuerst unter Ausnutzung eines starken Artillerie-Feuerschlages antreten, während die an der Straße angreifende Gruppe etwa eine Stunde später ohne Feuervorbereitung den Gegner überraschend angehen sollte.

Der gut vorbereitete Angriff läuft am 5. 2. in stockdunkler Nacht um 21.35 Uhr an und wird ein voller Erfolg. Der Gegner, in der Annahme, es handle sich um einen großen Angriff, fällt in der Breite von zwei Bataillonen sehr rasch auf seine

Zwischenstellung zurück, sodaß bereits um 01.00 Uhr am 6. 2. die Brücke bei Ponte Rotto in deutscher Hand ist. In Erkenntnis der Schwäche des Gegners, und um den eigenen Angriffsschwung auszunutzen, schlägt die Division um 24.00 Uhr dem Korps vor, den Angriff weiter in die Tiefe des gegnerischen Hauptkampffeldes vorzutragen. Das Korps muß den Vorschlag ablehnen, da keine ausreichenden Kräfte vorhanden sind, die bei Tagesanbruch den mit Sicherheit zu erwartenden wütenden Gegenangriff der Amerikaner abwehren zu können.

Beide Kampfgruppen richten sich daher in den neugewonnenen Stellungen zur Verteidigung ein[1].

Die Wiedereinnahme von Aprilia

Am 5. 2. abends ist die Neugliederung im Landekopf-Einschließungsring vollzogen. Dem LXXVI. Panzer-Korps, das von der Küste bei Terracina bis zur Albanostraße einschließlich führt, unterstehen im

Abschnitt Terracina — Isolabella (ausschl.): Fallschirm - Panzer-Division „Hermann Göring"

Abschnitt Isolabella — Fosso Pane e Vino (einschl.): 26. Panzer-Division

Abschnitt Fosso Pane e Vino — Fosso de Prefetti: 71. Infanterie-Division

Abschnitt Fosso de Prefetti — Albanostraße (einschl.): Kampfgruppe „Gräser" (3. Panzer-Grenadier-Division, 715. Infanterie-Division [t.mot.])

Das I. Fallschirmjäger-Korps führt anschließend im Abschnitt Albanostraße — Tibermündung mit unterstellter 65. Infanterie-Division links und anschließender 4. Fallschirmjäger-Division bis zur Küste.

---

[1] Anlage — Quellen: II/5

Bei der Bedeutung, die Aprilia für beide Seiten hatte, war zu erwarten, daß der Gegner dem deutschen Angriff sehr heftigen Widerstand entgegensetzen würde. Der Angriff mußte daher auf bedeutend breiterer Front und mit stärkeren Kräften geführt werden, als es die erste Phase des Angriffes zur Beseitigung des britischen Frontbogens verlangt hatte.

Der Angriffsplan des LXXVI. Panzer-Korps sah vor, daß die Kampfgruppe „Gräser" mit Schwerpunkt auf dem linken Flügel (Panzer-Grenadier-Regiment 29 und Grenadier-Regiment 735) von Nordosten her um Aprilia ausholend, das Grenadier-Regiment 725 von Norden auf Aprilia direkt angreifen sollte. Die neue Hauptkampflinie war etwa 500 m südlich Aprilia einzurichten. Damit dieser Flankenangriff gelingen konnte, sollte die links anschließende 71. Infanterie-Division mit ihrem rechten Flügel gleichzeitig angreifen und ihre vordere Linie so weit wie möglich vorschieben.

Die 65. Infanterie-Division hatte den Auftrag, zusammen mit der Kampfgruppe „Gräser" mit starken Kräften von Westen her Carroceto anzugreifen und hier an die neue Hauptkampflinie der Kampfgruppe „Gräser" anzuschließen.

Zur Unterstützung des Angriffes auf Aprilia hatten die 26. Panzer-Division bei Isolabella und die 4. Fallschirmjäger-Division am Molettabach Fesselungsangriffe durchzuführen.

Da das Wetter am 6. 2. umschlug und die Sonne wieder herauskam, mußten alle Angriffsvorbereitungen wegen der gegnerischen Luftaufklärung in die Nacht verlegt werden. Bei anhaltendem schönem Wetter war auch nicht damit zu rechnen, daß der Angriff über Tag würde fortgesetzt werden können. Die Panzerunterstützung, im Schwerpunkt die Panzer-Abteilung 103, sowie einige Tiger der Kompanie Schwebach und Hornissen der schweren Heeres-Panzerjäger-Abteilung 525, die infolge der Geländeschwierigkeiten im wesentlichen auf Straßenfahrt angewiesen waren, konnte daher erst richtig wirksam werden, wenn die Brückenstelle Guardapassi (ca. 1 km ostw. Aprilia) genommen war, da ab hier ein weitverzweigtes Straßennetz ein breites Vorgehen gegen die Stadt zuließ. Den Angriff unterstützte Artillerie-Kommandeur 122 mit 5 Abteilungen — 2 Abteilungen Art.-Regiment 3, 2 Abteilungen Art.-Regiment 715, Heeres-Art.-Abteilung 450 — die I./Art.-Regiment 3 war für den Angriff der 65. Infanterie-Division unterstellt. Die weiter vorhandenen Heeres-Artillerie- und Nebelwerfer-Abteilungen durften nur mit Genehmigung des Höheren Artillerie-Führers bei der Armee den Angriff unterstützen. Das gleiche galt für die Luftwaffen-Flak, deren Kommando in Viterbo lag[1].

Am 7. 2. früh trifft der endgültige Angriffsbefehl bei den Einheiten ein. Angriffsbeginn 21.00 Uhr. (Siehe Anlage, Dokumente 3)

Die deutsche Luftwaffe eröffnet mit anhaltenden Jabo-Angriffen auf Anzio-Nettuno den Reigen.

Um 21.00 bzw. 21.30 Uhr läuft auf der gesamten Front der Infanterieangriff an. Wieder wehrt sich der Gegner sehr heftig. Das Grenadier-Regiment 735 bleibt zunächst infolge eines laufenden Feindangriffes hängen, sodaß das sehr geschickt angreifende Panzer-Grenadier-Regiment 29 in Höhe des Barackenlagers vor Aprilia liegen bleibt. Erst um 4.30 Uhr kann das Grenadier-Regiment 735 nach Abwehr des Feindangriffes aufschließen und den Südrand des Handtuchwäldchens erreichen und somit die Flanke des Panzer-Grenadier-Regiments 29 sichern. Die Kampfgruppe „Gräser" entschließt sich daher, den Angriff um 06.00 Uhr nochmals anlaufen zu lassen. Dieser Entschluß kommt jedoch infolge der bei Anbruch der Helligkeit verstärkt einsetzenden Feindeinwirkung nicht mehr zur Durchführung und muß auf die nächste Nacht ver-

---

[1] Anlage — Quellen: II/9

schoben werden. Bereits bei Angriffsbeginn hatte schwerstes Land- und Schiffsartilleriefeuer die angreifenden Verbände eingedeckt, nun mit erstem Licht wird dieses Feuer von mehreren feindlichen Artillerie-Fliegern geleitet und damit jede Bewegungsmöglichkeit erstickt. Wo der Gegner glaubt, eine neue Bereitstellung erkannt zu haben, haut er mit der gesamten Artillerie der 1. britischen, der 45. US.-Infanterie, der 1. US.-Panzer-Division, dem Flak-Regiment 68, den Kreuzern Phoebe, Orion, Brooklyn und Mauritius sowie mehreren Zerstörern hin. Jagdbomber und Zweimotorige greifen in den Erdkampf mit ein, sodaß an eine Fortsetzung des Angriffes nicht zu denken ist. Wie die Kampfgruppe „Gräser" muß auch die 65. Infanterie-Division im Morgengrauen ihren Angriff auf Carroceto wenige 100 m vor der Station einstellen. Lediglich in dem sehr stark zerschnittenen Gelände des Buon-Riposo-Rückens gelingt es dem Grenadier-Regiment 145 auch noch am Vormittag, in kleinen Gruppen sich bis dicht an die Albanostraße vorzuarbeiten und hier über Tag die gewonnenen Stellungen zu halten.

Nachdem der Gegner im Laufe des Vormittages einen Überblick über die Lage gewonnen hatte, tritt er ab Mittag mit Infanterie und Panzern gegen den linken Flügel der Kampfgruppe „Gräser" und die 65. Infanterie-Division zum Angriff an. Das verlorengegangene Gelände wiederzugewinnen, gelingt ihm nicht, und bei seinen Angriffen erleidet er erhebliche Verluste an Menschen und Material.

Wie in der Nacht vorher, soll der Endangriff auf Aprilia in der gleichen Stärke und Breite geführt werden. Angriffsbeginn diesmal um 24.00 Uhr. Dieser späte Zeitpunkt ließ hoffen, daß der Gegner in dieser Nacht keinen Angriff der Deutschen mehr erwartete.

Da der Angriff auf dem linken Flügel der Kampfgruppe „Gräser" in der vergangenen Nacht unter gewissen Koordi-

94

nierungsschwierigkeiten gelitten hatte — drei selbständige Regimenter — wurden das Grenadier-Regiment 735 und das Panzer-Grenadier-Regiment 104 dem Panzer-Grenadier-Regiment 29 als Kampfgruppe „Schoenfeld" — Regiments-Kommandeur Panzer-Grenadier-Regiment 29 — unterstellt.

Der Schwerpunkt im Angriffsabschnitt der Kampfgruppe „Gräser" wird mehr zur Mitte hin in den Abschnitt des Grenadier-Regiments 725 und des Panzer-Grenadier-Regiments 29 verlegt. Das Panzer-Grenadier-Regiment 104 und das Grenadier-Regiment 735 erhalten den Auftrag, sich in den Besitz der Lateralstraße zu setzen.

Der Auftrag für die 65. Infanterie-Division bleibt der gleiche wie bisher: Einnahme von Carroceto.

Da sich der Gegner gegenüber der deutscherseits geübten Einsickerungstaktik vor Beginn des eigentlichen Angriffes sehr empfindlich gezeigt hat, wird dieses Verfahren von den Angriffs-Regimentern in dieser Nacht verstärkt ausgeübt. Um 24.00 Uhr, bei heftigem Gewitter und strömendem Regen, beginnt der Angriff. Dem linken Flügel der Kampfgruppe „Gräser" gelingt es, in zähem Angriff die Lateralstraße zu erreichen und sich dort festzubeißen. Das Panzer-Grenadier-Regiment 29 stößt mit Wucht gegen die Brückenstelle Guardapassi vor, die ihm unversehrt in die Hände fällt, sodaß die sofort herangeholte Panzer-Abteilung 103 nunmehr den Infanterie-Angriff auf Aprilia mit allen Rohren unterstützen kann. Das von Norden auf den Ort angreifende Grenadier-Regiment 725 bleibt zunächst vor einem gesicherten Minenfeld bei der Straßengabel 1 km nördlich Aprilia liegen, kann aber durch Ausholen nach Osten den Angriff fortsetzen. Kurz nach Hellwerden am 9. 2. dringen Grenadiere und Panzer in Aprilia ein. In hartem Häuserkampf, der sich weit bis in den Vormittag hineinzieht, wird „The Factory" gesäubert und am Südrand eine neue Hauptkampflinie eingerichtet. Während so der Kampfgruppe „Gräser" ein voller Erfolg beschieden war, konnte die 65. Infanterie-Division ihr Angriffsziel Carroceto nicht erreichen. Das auf die Station angesetzte Grenadier-Regiment 147 bleibt dicht vor dem erstrebten Ziel in der sehr starken gegnerischen Abwehr liegen.

Da der Gegner aus diesem Stützpunkt heraus das Gelände hart südlich Aprilia sehr gut durch Feuer flankieren konnte und von dort aus auch alle Über- und Unterführungen der Straße 148 mit der Albanostraße beherrschte, war die Einnahme von Carroceto für die Weiterführung des Angriffes eine Notwendigkeit. Die Kampfgruppe „Gräser" befahl daher der ihr unterstellten Panzer-Aufklärungs-Abteilung 26, verstärkt durch die 5./Panzer-Regiments 26, in der Nacht zum 10. 2. Carroceto von Aprilia her anzugreifen und zu nehmen. In einem kurzen und heftigen Feuerkampf, der gegen Mitternacht beginnt, gelingt es der Panzeraufklärungs-Abteilung 26 — es sind knapp 100 Mann und 5 Panzer IV —, den Ort zu nehmen und den Gegner hinter die Straße No. 148 zurückzuwerfen.

Wie zu erwarten war, nahm der Gegner den Verlust von Aprilia nicht ohne weiteres hin, sondern trat am 9. 2. vormittags nach Klärung der Lage sofort zu heftigen Gegenangriffen mit Infanterie und Panzern an. Trotzdem die eigene Truppe sehr mitgenommen war und bei der Artillerie starker Munitionsmangel herrschte, blieben Aprilia und Carroceto fest in eigener Hand. Wie heftig diese Abwehrkämpfe waren, geht aus der Tagesmeldung der 3. Pz.Gren.Division vom 9. 2. 19.00 Uhr hervor:

„Nach der Einnahme von Aprilia erfolgten verschiedene Angriffsversuche des Gegners, im wesentlichen mit Panzern mit und ohne Infanterie. Auf der Albanostraße griffen 30 Panzer, vom Süden gegen Aprilia 28, und von Südosten 20 Feindpanzer an. Die Angriffe wurden durch Artillerie, Sturmgeschütze und Hornissen zum Teil dicht vor Aprilia abgewiesen, dabei 14 Panzer vernichtet, 3 bewegungsunfähig geschossen. Außerdem wurden 4 schwere Pak vernichtet. Etwa 400 Gefangene, darunter 19 Offiziere, wurden eingebracht. Sehr starke Bomber- und Jabotätigkeit, zum Beispiel auf Aprilia-West in drei Wellen von je 12 Kampfflugzeugen."

Die Tagesmeldungen bis zum 11. 2. berichten immer wieder von neuen Angriffen des Gegners zur Wiedergewinnung von Aprilia; aber mit der Einnahme des Ortes war doch die Initiative für das weitere Geschehen endgültig in deutsche Hand übergegangen. Nun galt es, sie so rasch wie möglich weiter zu nutzen.

Der erste deutsche Großangriff 16. 2.—20. 2. 1944

(Skizze 8)

Der Großangriff zur Beseitigung des Landekopfes, oder wie es in dem Tagesbefehl Hitlers vom 15. 2. hieß: „Der Abszeß südlich Rom" litt schon in seiner ersten Planung unter zwei Schwierigkeiten. Es waren dies einmal die bekannte Ungunst des Geländes, zum anderen die unzweckmäßige Einmischung des Oberkommandos der Wehrmacht in örtliche Führungsfragen.

Auch bei günstiger Witterung, das heißt nach einer längeren Trockenperiode, ließ das Gelände einen durch stärkere Panzerkräfte unterstützten Infanterieangriff lediglich zwischen der Isolabellastraße und der Albanostraße zu. Der Gedanke, den Angriff getrennt zu führen, Infanterieangriff von Nordwesten, Panzerangriff von Norden, war angesichts der feindlichen Flotte, die jede küstennahe Bereitstellung zerschlagen konnte, kaum zu verantworten. Der Entschluß der Armee, den Angriff entlang der Albanostraße, als der kürzesten Strecke nach Anzio-Nettuno, zu führen, war gleichsam ein Diktat der Landschaft, dem sich die Armee zu fügen hatte. Die zweite Schwierigkeit, mit der die 14. Armee zu kämpfen hatte, war, daß der Kampf um den Landekopf von Hitler und dem Wehrmachts-führungsstab als militärpolitisch so weittragend angesehen wurde, daß beide ohne genaue Kenntnis der Lage und der örtlichen Verhältnisse Einzelheiten für den Angriff vor-schrieben.

Der Angriffsplan der Armee, er wurde durch Generaloberst von Mackensen bereits am 6. 2. Hitler vorgetragen und von diesem gebilligt, sah vor, in einem wuchtigen Axtschlag den Landekopf entlang der Albanostraße aufzuspalten.

Statt nun der Armee die Detailfragen für die Führung dieses Angriffes zu überlassen, diktierte Hitler Angriffsbreiten und bestimmte sogar die teilnehmenden Verbände. Der Wehr-machtsführungsstab glaubte, daß ein sehr schmal mit starken Infanteriekräften in der ersten Welle geführter Angriff, unter-stützt durch massiertes Artilleriefeuer, den Durchbruch der gegnerischen Front bringen und den in der zweiten Welle nachgeführten Panzerkräften den Durchstoß bis zum Hafen Anzio-Nettuno ermöglichen müsse.

Im Schwerpunkt an der Albano-Straße waren in der ersten Welle auf eine Angriffsbreite von rund 3 km drei Divisionen massiert. Nicht genug damit, ordnete Hitler noch an, daß das in Großkämpfen völlig unerfahrene „Infanterie-Lehrregiment" an dem Angriff in der ersten Welle teilnehmen sollte.

Alle Einwände der 14. Armee, daß eine derartige Truppen-massierung auf engstem Raum angesichts der absoluten feind-lichen Luftherrschaft und der massierten Artillerie des Gegners gleich zu Beginn zu schweren Verlusten führen mußte, halfen nichts. Da die Armee bei ihren Einsprüchen seitens der Heeres-gruppe keine besondere Schützenhilfe fand, mußte sie sich schließlich mit den Forderungen Hitlers abfinden[1].

---

[1] Anlagen — Quellen: II/2, Seite 273

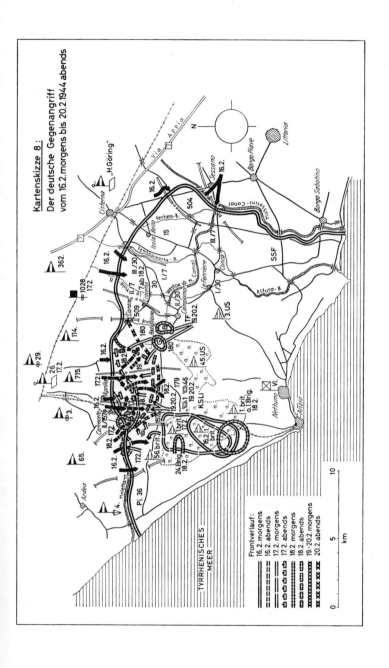

Kartenskizze 8:
Der deutsche Gegenangriff
vom 16.2. morgens bis 20.2.1944 abends

Frontverlauf:
16.2. morgens
16.2. abends
17.2. morgens
17.2. abends
18.2. morgens
18.2. abends
19.-20.2. morgens
20.2. abends

Am 9. 2. gab die Armee den grundlegenden Befehl für den Großangriff an die Truppe heraus. Als Angriffstag ist der 16. 2. vorgesehen. Ein Datum, das ebenfalls wesentlich durch das Drängen des Wehrmachtsführungsstabes auf einen baldigen Angriff gewählt wurde und den teilnehmenden Truppen wenig Zeit für eine sorgfältige Vorbereitung ließ.

Am Angriff sind beide Korps beteiligt. Der Hauptangriffsstreifen erstreckt sich über den Raum 1,5 km westlich der Albanostraße bis zum Fosso di Spaccasassi; Trennungslinie zwischen beiden Korps: dicht westlich der Albanostraße.

Während dem LXXVI. Panzer-Korps die Hauptlast des Angriffes zufällt, hat das I. Fallschirmjäger-Korps die Aufgabe, mit allen verfügbaren Kräften westlich der Albanostraße anzugreifen, und die Westflanke des LXXVI. Panzer-Korps im Angriff zu decken.

Der Angriff des LXXVI. Panzer-Korps sollte in zwei Wellen erfolgen.

1. Welle:

(von links nach rechts)   114. Jäger-Division mit unterstelltem
Panzer-Grenadier-Regiment 1028
715. Infanterie-Division (t.mot.)
3. Panzer-Grenadier-Division mit unterstelltem Infanterie-Lehr-Regiment,

2. Welle:

(Armee-Reserve)   26. Panzer-Division,
29. Panzer-Grenadier-Division

Aufgabe der ersten Welle war es, die feindliche Front im Angriff nach Süden aufzureißen, um damit der zweiten Welle die Möglichkeit zum Durchstoß auf Anzio-Nettuno zu eröffnen. Zur Unterstützung des Infanterieangriffs war ein Feuerschlag der gesamten Artillerie einschließlich Flak auf erkannte Ziele vorgesehen. Das Schießen einer Feuerwalze war wegen Munitionsknappheit nicht möglich. An Panzer-

100

unterstützung für die erste Welle standen zur Verfügung: Sturmgeschütz-Abteilung 103 (3. Panzer-Grenadier-Division), eine Sturm-Haubitzabteilung 216 (15 cm), Sturmgeschütz-Abteilung 301 (Fernlenk), schwere Heerespanzerjäger-Abteilung 525, 1/2 Panzer-Abteilung 129 (29. Panzer-Grenadier-Division). Die zweite Welle verfügte über die Tiger-Abteilung 528 mit 16 Wagen, die I./Panzer-Regiment 4 (Panther) und die II./Panzer-Regiment 26 (Panzer IV).

Aus Gründen der Geheimhaltung und zur Täuschung sollten die Divisionen der zweiten Welle bis zum Angriffsbeginn im Raum Cisterna — Velletri verbleiben und erst nach Angriffsbeginn in ihre Bereitstellungsräume bei Campoleone verlegt werden.

Die Artillerie mit rund 300 Rohren war in drei Gruppen eingeteilt: zwei Nahkampfgruppen — Artillerie-Kommandeure 122 und 476 —, denen auch die für den Erdeinsatz vorgesehene Luftwaffenflak unterstand, und eine Fernkampfgruppe gegen Ziele bei Anzio-Nettuno unter einem Höheren Artillerie-Kommandeur.

Artillerie-Verbände: Panzer-Artillerie-Regiment 93
Panzer-Artillerie-Regiment „HG"
Artillerie-Regiment 129
Artillerie-Regiment 3
Artillerie-Regiment 615
Artillerie-Regiment 619
Werfer-Regiment 71
Feuerleit-Batterie
Beobachtungs-Abteilung 64
Beobachtungs-Abteilung 71
schwere Heeres-Artillerie-Abteilung 450
schwere Heeres-Artillerie-Abteilung 451
schwere Heeres-Artillerie-Abteilung 998
I./Artillerie-Lehr-Regiment
Eisenbahn-Batterie Erhart
Eisenbahn-Batterie 712

101

Eisenbahn-Batterie 715
Eisenbahn-Batterie Borchers
Heeres-Flak-Abteilung 312
Heeres-Flak-Abteilung 307
Luftwaffenflak-Regiment 39
Luftwaffenflak-Regiment 105

Das Artillerie-Nachrichtennetz war soweit ausgebaut, daß die der Armee zugeführte Feuerleit-Batterie in der Lage war, kurzfristig die gesamte Artillerie auf ein Ziel zusammenzufassen.

Zwei weitere Ausführungsbefehle der Armee ergingen am 13. und 15. 2. Danach sollten im Schwerpunktabschnitt in der Nacht zum 16. 2. keine Stoßtruppunternehmungen durchgeführt werden, um das Überraschungsmoment zu wahren, zum anderen sollte der Ablenkungsangriff im Abschnitt der Fallschirm-Panzer-Division „HG" mit stärkeren Kräften und mit mehr Artillerieunterstützung geführt werden, als zunächst vorgesehen war. Wegen der sehr großen Minengefahr und der starken feindlichen Panzerabwehr sollten Sturmgeschütze und Panzer bei dem Angriff der ersten Welle nicht vor, sondern in der Infanterie angreifen. Pioniere waren der angreifenden Infanterie zuzuteilen.

Die Luftflotte 2 war gebeten, mit allen in Norditalien und Südfrankreich einsatzbereiten Maschinen den Angriff zu unterstützen. Der Luftwaffe und Artillerie oblag es, ab 15. 2. 24.00 Uhr die Geräuschtarnung der in ihre Bereitstellungsräume fahrenden Panzer zu übernehmen.

Die Umgliederung für den Angriff sowie die Bereitstellung der am Angriff beteiligten Verbände verlief im wesentlichen planmäßig.

Bis zum 14. 2. hatten die drei Divisionen der ersten Welle nach Auflösung der Kampfgruppe „Gräser" ihre Angriffsabschnitte übernommen; am 15. 2. sind 26. Panzer-Division und 29. Panzer-Grenadier-Division im Raum Cisterna-Velletri versammelt. Trotzdem ergaben sich aber am Tage vor dem Angriff noch so schwere Mängel innerhalb der Angriffsvorbereitungen — das Infanterie-Lehr-Regiment konnte erst bis zum Spätnachmittag des 15. 2. eintreffen —, daß sich die Armee genötigt sah, einen Aufschub des Angriffes von ein bis zwei Tagen zu beantragen.

Diese Mängel waren:

1. Die Angriffsverbände der 1. und 2. Welle hatten, soweit sie nicht an den vorausgegangenen Kämpfen bereits beteiligt gewesen waren, bisher noch keine Möglichkeit zu einer ausreichenden Geländeerkundung für einen solch schweren Angriff gehabt.

2. Die von anderen Fronten und aus dem Ersatzheer eingetroffenen Verbände waren mit der Kampfesweise der Alliierten überhaupt nicht vertraut.

3. Die Infanterie-Kampfstärken der Divisionen der 1. Welle waren durch die vorausgegangenen Kämpfe um 50 Prozent abgesunken. Als Beispiel sei angeführt: Das Grenadier-Regiment 725 der 715. Infanterie-Division (t.mot.) zählte noch 7 Offiziere, 36 Unteroffiziere, 250 Mann. Die Feld-Ersatzbataillone waren aufgelöst und in die Kampftruppe eingereiht.

4. Bis zum 15. 2. war der Munitionsnachschub für die Artillerie so gering, daß statt der vorgesehenen zwei Munitionsausstattungen knapp eine zur Verfügung stand. Dem Artillerie-Regiment 3 fehlten an zwei Munitionsausstattungen am 15. 2. noch 13 000 Schuß.

Dazu hatten die Erfahrungen der vergangenen Kämpfe bewiesen, daß ein Munitionsnachschub in die Stellungen über Tag nicht möglich war. Wer sich verschossen hatte, mußte bis zum Einbruch der Dunkelheit warten, und auch dann war die Zuführung von Munition ungewiß, da der Gegner

alle Anmarschstraßen und Wege unter laufendem Störungsfeuer hielt.

5. Die eigene Luftwaffe und Flak waren nicht in der Lage,
dem Gegner auch nur für eine Stunde die Luftherrschaft
streitig zu machen. Der Gegner flog seine Angriffe, wie und
wo er wollte.

Die feindlichen Artillerie- und Beobachtungsflugzeuge
zogen vom frühen Morgen bis zum späten Abend über dem
gesamten Kampfraum unermüdlich ihre Kreise.

Alle diese Einwände halfen der Armee nichts. Der Wehrmachtsführungsstab war sich durchaus bewußt, daß die in
Ziffer 3 genannte infanteristische Schwäche der Angriffsverbände der 1. Welle zu Sorgen Anlaß gab. In einer Stellung-
nahme Anfang Februar war daher vorgesehen worden, die
9. SS-Panzer-Division für den Angriff zur Verfügung zu stellen.
Wenn auch die Division, für deren Verlegung aus Frankreich
10 Tage veranschlagt waren, zum Angriff selbst nicht mehr
zurechtkommen würde, so könnte sie den Angriff doch nähren.
Am 11. 2. wurde dieser Vorschlag ad acta gelegt mit der Begründung, daß ein Abzug weiterer Truppen aus Frankreich
der gegnerischen Absicht nur entgegenkomme.

Die Lage beim Gegner

*In Erwartung des deutschen Großangriffes hatte sich das
VI. US. Corps nach Zuführung weiterer Verstärkungen bis
zum 15. 2. abends wie folgt umgegliedert (Siehe Skizze):*

*Von links nach rechts in der Front eingesetzt: Pionier-Regi-
ment 36 (britisch), 56. britische Infanterie-Division, 45. US.-
Infanterie-Division, 3. US.-Infanterie-Division, 1 Special
Service Force, in Corps-Reserve: 1. britische Infanterie-Division, 1. US.-Panzer-Division.*

Da die Luftaufklärung durch das ungünstige Wetter behindert war, tappte man hinsichtlich des zu erwartenden deutschen Hauptstoßes etwas im Dunkeln. Massierungen deutscher Kräfte mit Panzern waren im Raum Cisterna — Velletri erkannt; vermehrter Artillerie-Einsatz im Raum Cisterna und Campoleone.

Wegen der für die Deutschen günstigen Angriffsposition im Raum Aprilia rechnete man beim VI. US. Corps aber hier mit dem Hauptangriff. Die gesamte Corps-Reserve blieb daher an der Albanostraße in Bereitstellung. Die Reserven der Frontdivisionen, je Regiment ein Bataillon, waren in der Brückenkopfstellung eingesetzt.

An Artillerie standen rund 400 Rohre, in der Masse über 10 cm, ungerechnet die sehr starke schwimmende Artillerie der Kreuzer und Zerstörer, an Panzern und Panzerjägern rund 600 Wagen zur Verfügung.

Die Verbände der taktischen und strategischen Luftwaffe konnten von ihren nahen Flugbasen jederzeit zur Unterstützung abgerufen werden.

Munition und alles sonstige Nachschubmaterial war für mehrere Großkampftage ausreichend vorhanden. Daß die Deutschen eine Möglichkeit fänden, den Nachschubweg über See nachhaltig zu stören, war kaum zu erwarten.

Eher noch konnte hier das Wetter behindernd eingreifen.

Der Beschuß des Hafens von Anzio-Nettuno durch die deutschen Eisenbahngeschütze erfolgte so kleckerweise, daß von einer dauernden Störung der Entladearbeiten kaum gesprochen werden konnte.

Um der seit den ersten Tagen der Landung zwischen Corpsführung und besonders den in britischen Führungsstellen schwelenden Unstimmigkeiten zu begegnen, beorderte die 5. US.-Armee den allseits anerkannten Kommandeur der 3. US.-Infanterie-Division als stellvertretenden Corps-Kom-

*mandeur. Die ausgeprägte Persönlichkeit dieses sehr aktiven
Generals hat in den Krisentagen wesentlich dazu beigetragen,
daß die Truppe nicht das Vertrauen in seine Führung verlor
und Panikstimmung sich breit machte. Die Möglichkeit hierzu
war bei der sehr dichten Belegung des Landekopfes und dem
Umstand, daß auch die Reserven nie aus der Feuerzone der
deutschen Artillerie herausgenommen werden konnten, durchaus gegeben.*

Der Angriff

Während am 15. 2. im Sperring um den Landekopf die
letzten Vorbereitungen für den Angriff getroffen wurden,
rannte der Gegner seinerseits ab diesem Tage zum zweiten
Male bei Cassino mit aller Wucht gegen die deutschen Stellungen an. Bis zum 19. 2. dauerten hier die schweren Abwehrkämpfe an, bei denen auch das Kloster Cassino in einen
Trümmerberg verwandelt wurde. Ein Durchbruchserfolg war
dem Gegner auch diesmal wieder nicht beschieden. Der Hinweis auf diesen Kampf ist deswegen notwendig, weil bei dieser
Abwehrschlacht Material an der Südfront verbraucht wurde,
das für den deutschen Angriff am Landekopf dringend be-
nötigt wurde. Die Parallelität der gegnerischen Aktionen, Angriff an der Südfront, Abwehrvorbereitungen im Landekopf,
zeigt deutlich, über welche nahezu unerschöpflichen Material-
Reserven die Alliierten demgegenüber verfügten.

Der 16. 2. war ein sonniger, klarer Tag. 06.30, bei Anbruch
der Helligkeit, setzte der Feuerschlag der gesamten Artillerie
ein, dem gleich darauf der durch Panzer, Sturmgeschütze und
Fernlenkpanzer verstärkte Infanterieangriff folgte. Die gegnerische Abwehr setzte sofort in voller Stärke ein. Aus den
Stützpunkten heraus leistete der Gegner zähen Widerstand,

während seine Artillerie ein unerhörtes Sperrfeuer schoß. Die auf die Stützpunkte angesetzten Fernlenkpanzer versagten. Die meisten blieben im Gelände stecken, ehe sie ihr Ziel erreichten. Die die Infanterie begleitenden Panzer konnten wegen der Feuchtigkeit des Geländes die Straßen und Wege nicht verlassen. Der eigenen Artillerie gelang es nicht, auch nur für kurze Zeit die feindliche Artillerie auszuschalten. Kurz nach Angriffsbeginn hingen bereits mehrere feindliche Artillerieflieger über den Linien und leiteten das Feuer. Bis zum Abend des 16. 2. verfeuerte der Gegner rund 65 000 Schuß, denen die eigene Artillerie knapp ein Zehntel entgegenzusetzen hatte. Der deutschen Jagdwaffe war es nur von Zeit zu Zeit möglich, die feindliche Luftbeobachtung zu vertreiben, während die Flak auch nicht eingreifen konnte, da die zum Erdeinsatz weit vorn eingesetzte Flak keine Meßgeräte bei sich hatte, andererseits die zur Luftabwehr eingesetzten Batterien zu weit hinten standen.

Die Hauptlast des Angriffs lag somit, wie auch vorgesehen, allein bei der Infanterie. Noch im Laufe des Vormittags erkannte der Gegner die im Abschnitt „HG" vorgetragenen Angriffe des Fallschirmjäger-Lehr-Bataillons und der Panzeraufklärungs-Abteilung „HG" als reine Ablenkungsunternehmen, die nach geringem Geländegewinn durch Artilleriefeuer zusammengeschossen wurden.

Bedeutend erfolgreicher war der Ablenkungsangriff des III./Fallschirmjäger-Sturmregiments 12 und Teile des Fallschirmjägerregiments 10 im Abschnitt der 65. Infanterie-Division. Bis zum Mittag erreichte dieser Angriff die gegnerische Brückenkopflinie im Abschnitt der 56. britischen Infanterie-Division. Da dieser unerwartete Erfolg deutscherseits bis zum Abend des 16. 2. nicht weiter ausgenutzt wurde, konnte der Gegner nach Zuführung stärkerer Reserven im Gegenangriff diesen gefährlichen Einbruch bereinigen.

Ob dieser Erfolg der Fallschirmjäger letztes Endes ein Fingerzeig gewesen ist, daß man besser getan hätte, den Großangriff doch flankierend und getrennt zu führen, bleibe dahingestellt. Er zeigte jedoch, daß infanteristisch in dem stark durchschnittenen Westabschnitt für ein Gelingen des Angriffes mehr Möglichkeiten gegeben waren, als auf der großen Pläne südlich Aprilia.

Der Angriff der 3. Panzer-Grenadier-Division und der 715. Infanterie-Division (t.mot.) im Schwerpunkt kommt nur langsam voran. Bereits zwei Stunden nach Angriffsbeginn haben sich Panzer und Sturmgeschütze verschossen und müssen zum Aufmunitionieren zurückfahren, da eine Munitionszuführung auf dem Kampffeld nicht möglich ist. Ohne Panzer den Infanterieangriff fortzusetzen, ist aber genau so unmöglich.

Das Infanterie-Lehr-Regiment, für einen solchen Großkampf völlig ungeschult, dazu gelände- und gegnerunkundig, erleidet in dem Trommelfeuer solch hohe Verluste, daß Teile gegen Mittag auf ihre Ausgangsstellungen zurückfallen und für die Fortsetzung des Angriffes erst neu gegliedert werden müssen. Neben dem Trommelfeuer setzte der Gegner auch sehr rasch seine Luftwaffe ein. Jabos und mittlere Bomber greifen in rollenden Einsätzen alle erkannten und vermuteten Ziele in Frontnähe an. Zur Verschleierung seiner eigenen Bewegungen zog der Gegner zwischen Front und Padiglione-Wald dichte Nebelvorhänge.

Bis zum Mittag waren von den beiden Angriffsdivisionen nur wenige 100 m Gelände vorwärts der Ausgangsstellungen gewonnen. Die Angriffskraft der Truppe ist bereits so mitgenommen, daß alle noch vorhandenen Reserven für die Fortsetzung des Angriffes herangezogen werden müssen. Da ein Vorführen der Reserven aber über Tag völlig undenkbar war, wird die Fortsetzung des Angriffes, anläßlich eines Besuches des Kommandierenden Generals um 15.00 Uhr auf dem

Gefechtsstand der 3. Panzer-Grenadier-Division, für Mitternacht festgelegt. Das Angebot des LXXVI. Panzer-Korps, mit
der Korps-Artillerie vor die Front zu wirken, wird von der
3. Panzer-Grenadier-Division und der 715. Infanterie-Division
(t.mot.) abgelehnt. Die Korps-Artillerie soll weiterhin alle
Anstrengungen machen, die feindliche Artillerie nieder-
zuhalten. Am Abend des ersten Kampftages hat allein die
3. Panzer-Grenadier-Division Verluste von über 500 Mann,
von acht schweren Feldhaubitzenrohren ist noch eines feuer-
bereit. Bei der 715. Infanterie-Division (t.mot.) ist das
Grenadier-Regiment 735 nahezu aufgerieben. Dabei zeigte der
Gegner noch wenig Wirkung, und eine Prognose über den
Ausgang der Schlacht ist nicht möglich. In dieser Ungewißheit
lehnte daher die Armee den Vorschlag der Heeresgruppe ab,
am 17. 2. die beiden Divisionen der zweiten Welle einzusetzen,
um mit diesen den Durchbruch zu erzwingen. Der am Abend
von der Armee herausgegebene Befehl betont, daß der Angriff in der Nacht mit durch Panzer verstärkten Stoßtrupps
entlang den Straßen und Wegen fortgesetzt werden müsse, um
den Gegner bei seiner Nachtempfindlichkeit nicht zur Ruhe
kommen zu lassen. Erstes Angriffsziel blieb für die beiden
Korps nach wie vor die Straße 82. Die Divisionen der zweiten
Welle sollten sich so bereithalten, daß sie schnell zur Ausnutzung eines Erfolges eingesetzt werden konnten.

Bei den ab Mitternacht einsetzenden Stoßtruppunternehmen des Infanterie-Lehr-Regiments und des Grenadier-Regiments 725 gelingt es, unterstützt von Panzern, den Carroce-
tello-Bach zu überschreiten und eine beträchtliche Lücke in der
feindlichen Front aufzureißen. 07.40 Uhr fliegen 30 deutsche
Jabos einen Angriff auf die vordersten feindlichen Stellungen
in Höhe der Straße 82, dem sofort der deutsche Infanterieangriff, unterstützt von Panzern, folgt. Bis 08.55 gelang es in
diesem Angriff, der nicht massiert, sondern in kleinen Gruppen

vorgetragen wurde, einen 3 km breiten und 1,5 km tiefen Einbruch zu erzielen. Nicht gelang es, bei diesem Angriff im Abschnitt der 65. Infanterie-Division das Höhengelände Buon Riposo, dicht an der Albanostraße, zu nehmen, sodaß der Gegner, wenn auch bereits eingeschlossen, von hier aus mit seinen schweren Infanteriewaffen das Gelände ostwärts der Albanostraße flankierend beherrscht.

Unterstützt durch einen weiteren deutschen Jabo-Angriff um 10.40 Uhr, kann im Angriff bis Mittag noch etwas Gelände gewonnen werden, dann aber setzt eine feindliche Materialabwehr ein, die jeden weiteren Versuch der deutschen Infanteristen, die Nase vom Boden zu heben, in Dreck und Eisen erstickt.

Am Nachmittag greifen Panzer der 1. US.-Panzer-Division über die Straße 82 hinweg zur Entlastung der schwer angeschlagenen Infanterie der 45. US.-Infanterie-Division die deutschen Stellungen an, ohne aber einen Erfolg erzielen zu können.

*

Mit dem deutschen Angriffserfolg am 17. 2. näherte sich für den Gegner die Abwehrkrise ihrem Höhepunkt. Wenn auch noch nicht alle verfügbaren Reserven eingesetzt waren, so sah das VI. US. Corps die Lage doch als äußerst ernst an, zumal keine Klarheit über die Fortführung des Kampfes im Landekopf bestand, wenn der Fall eintrat, daß es den Deutschen gelang, ihn aufzuspalten und Anzio-Nettuno zu nehmen.

Zur Verhinderung eines deutschen Durchbruches an der Albanostraße wurde die 1. britische Infanterie-Division rittlings in Höhe der Straße 82 eingesetzt. Die 45. US.-Infanterie-Division erhält Befehl, mit allen verfügbaren Reserven einen Gegenangriff zu starten.

Unter energischer Einschaltung des stellvertretenden Corpskommandeurs geht die weitere Planung dahin, dem deutschen

Angriff durch einen mit allen Reserven — 1. US.-Panzer-Division, Infanterie-Regiment 30 der 3. US.-Infanterie-Division und der am 18. 2. zur Ausladung kommenden 169. britischen Infanterie-Brigade — geführten Gegenangriff das Rückgrat zu brechen. Dabei sollte die 1. US.-Panzer-Division, verstärkt durch Infanterie der 45 . US.-Infanterie-Division und der 3. US.-Infanterie-Division, im Zuge der „Allee", die britische 169. Infanterie-Brigade, verstärkt durch Panzer, entlang der Albanostraße angreifen. Angriffstag 19. 2.

*

Am Abend des 17. 2. ergab sich für die deutsche 14. Armee folgende Lage:

„Die Angriffskräfte der Divisionen der ersten Welle waren durch das überwältigende feindliche Artilleriefeuer und durch die ununterbrochenen feindlichen Bombenangriffe (1100 Tonnen Bomben) völlig verbraucht. Die Leistungsgrenze der Truppenteile war erreicht, eine weitere Anspannung unmöglich. Die Artillerie und Flak litten unter erheblichem Munitionsmangel. Eine Besserung war aufgrund des Munitionssparbefehls der Heeresgruppe nicht zu erwarten. Es war daher zu entscheiden, ob der Angriff eingestellt werden sollte oder ob bei Einsatz der zweiten Welle am 18. 2. doch noch ein Erfolg zu erwarten war.

Da der Gegner trotz seiner enormen materiellen Überlegenheit ganz offensichtlich schwer gelitten hatte, glaubte die Armee, abgesehen davon, daß die vorgesetzten Dienststellen die Fortsetzung des Angriffes befohlen hatten, zu diesem Zeitpunkt die Schlacht nicht abbrechen zu dürfen."

Diese Überlegungen führten am Abend des 17. 2. zu dem Befehl an das LXXVI. Panzer- und 1. Fallschirmjäger-Korps, daß in der Nacht zum 18. 2. das Stoßtruppverfahren von den Truppen der ersten Welle noch einmal durchzuführen sei, gleichzeitig die beiden Divisionen der zweiten Welle nach vorn gebracht und am 18. 2. 04.00 Uhr über die bis dahin erreichte vordere Linie zum Angriff auf die gegnerische Brückenkopflinie antreten sollten. Das I. Fallschirmjäger-Korps sollte dabei vor allem die Westflanke decken. Gegen feindliche Gegenangriffe im Zuge der „Allee" sollte das LXXVI. Panzer-Korps besondere Vorsorge treffen.

Der entsprechende Befehl des LXXVI. Panzer-Korps besagte, daß die 29. Panzer-Grenadier-Division im Abschnitt der 715. Infanterie-Division (t.mot.), die 26. Panzer-Division im Abschnitt der 3. Panzer-Grenadier-Division angreifen sollten. Durch Bereitstellung von Panzern im Zuge der „Allee" hinter dem linken Flügel der 29. Panzer-Grenadier-Division sollte diese empfindliche Stelle gesichert werden.

Die Bereitstellung dieser beiden Divisionen in der Nacht vom 17./18. 2. stieß auf große Schwierigkeiten. Bei dem sehr starken feindlichen Artilleriefeuer, das als ein 5 km tiefes Band auf allen Anmarschwegen lag, fielen Erkundungskommandos aus, die Nachrichtenverbindungen waren laufend gestört, allenthalben herrschte völlige Unklarheit über den Verlauf der eigenen und der feindlichen Linien. Beim Vorführen der Angriffsverbände traten bereits erhebliche Verluste ein, die zum Auseinanderreißen der Verbände und Verlaufen führte. Den Angriff bereits um 04.00 Uhr zu führen, überstieg daher sogar das Vermögen dieser zwei auf dem italienischen Kriegsschauplatz bestens bewährten Divisionen. Vor allem war es unmöglich, bis 04.00 Uhr eine planmäßige, straffgeleitete Feuerunterstützung durch die eigene Artillerie und die schweren Infanteriewaffen sicherzustellen, die für einen derart schweren Angriff unerläßlich war. Ab 04.00 Uhr liefen daher zunächst nur Spähtrupps, um die feindlichen Stellungen zu erkunden, während der eigentliche Angriff mit Genehmigung der Armee auf 06.00 Uhr verschoben wurde. In dem

112

folgenden Angriff gelang es alsdann der 29. Panzer-Grenadier-Division, die Straße 82 zu erreichen (Panzer-Grenadier-Regiment 15), während das rechts anschließende Panzer-Grenadier-Regiment 67 (26. Panzer-Division), flankiert von der Buon-Riposo-Höhe, 500 m vor der Straße 82, zu Boden mußte. Die zur Unterstützung eingesetzten Panther- und Tiger-Panzer werden durchweg durch die von den Amerikanern zur Panzerabwehr eingesetzte 90-mm-Flak abgewiesen.

Da es bei dem feindlichen Feuer nicht möglich war, bei Tag über das völlig deckungslose Gelände schwere Infanteriewaffen und Panzerabwehrwaffen an die Straße 82 vorzubringen, war das tapfere Panzer-Grenadier-Regiment 15 der Vernichtung anheimgegeben.

Am Abend des dritten Kampftages, nach Einsatz der letzten Reserven, war nicht mehr erreicht, als daß ein schmaler, von der Flanke her stark bedrohter Keil zur letzten Verteidigungslinie des Gegners vorgetrieben war. Die Fortsetzung des Angriffes aus diesem Keil heraus war aber nicht möglich, bevor nicht die Flankenbedrohung von Padiglione und von der Höhenstellung Buon Riposo her beseitigt war. Somit war an diesem dritten Tage der eigentliche Angriff als gescheitert anzusehen. Die Axt, die den Gegner spalten sollte, hatte sich als nicht ausreichend scharf und schwer genug erwiesen. Während in diesen Tagen die Anzahl der vor Anzio-Nettuno ankernden Schiffe, die Zahl der Kreuzer und Zerstörer ständig zunahm, versiegte der Nachschubstrom zur deutschen Front immer mehr.

Die Kampfkraft der 65. Infanterie-Division war auf rund 900 Mann einschließlich Offiziere abgesunken, ähnliche Zahlen lagen bei der 715. Infanterie-Division (t.mot.) und der 114. Jäger-Division vor. Die Panzerabteilung 103 besaß noch drei einsatzbereite Sturmgeschütze. Die Sturmgeschütz-Abteilung 301, die Haubitz-Abteilung 216 hatten 50 Prozent ihres Gerätes eingebüßt. Wo ein schwerer Panzer in der Front auftauchte, wurde er von der feindlichen Artillerie so eingedeckt, daß er in Minuten entweder krankgeschossen oder aber als unbeweglicher Dreckberg im Gelände stand.

Auf den völlig zerschossenen Straßen, die von zerstörten Fahrzeugen aller Art gesäumt waren, konnten der Nachschub an die Front und die Rückführung der Verwundeten nur noch durch Schützenpanzerwagen erfolgen. Bei der geringen Zahl dieser Fahrzeuge, die nur bei der 29. Panzer-Grenadier- und der 26. Panzer-Division vorhanden waren, war die Versorgung der Truppe ein unlösbares Problem. Daß der deutsche Soldat im fünften Kriegsjahr unter solchen Verhältnissen und angesichts des überwältigenden Materialeinsatzes des Gegners drei Tage lang einen derart schweren Angriff durchstand, muß als außerordentliche Leistung anerkannt werden.

Ebenso muß aber auch das überraschend gute Stehvermögen des amerikanischen und britischen Soldaten anerkannt werden, zumal er sich bei Anzio-Nettuno erstmalig unter einer Artilleriefeuerwirkung — die Einwirkung der Luftwaffe fehlte allerdings — seiner Haut wehren mußte, die er bis dahin am eigenen Leibe nie verspürt hatte.

Am 18. 2. abends stand somit die 14. Armee vor der Frage, wie die Fortführung des Angriffes anzupacken war. Da die höhere Führung aus militärpolitischen Gründen an dem Angriffsgedanken und der Zerschlagung des Landekopfes festhielt, blieb nur der Entschluß zur Änderung des Angriffsraumes und des -verfahrens.

Am 19. 2., 14.30 Uhr, genehmigte Hitler die Absicht der Heeresgruppe, den Angriff zunächst einzustellen, die Panzerkräfte im Angriffsraum nach Osten umzugruppieren und an einer anderen Stelle einen Keil in die feindliche Front zu treiben. Dabei war klar, daß diese Umgruppierung erst vorgenommen werden konnte, wenn die Flankenbedrohung bei der 114. Jäger-Division sowie von Buon Riposo ausgeschaltet war.

Das LXXVI. Panzer-Korps sah für die weitere Kampfführung vor, daß die 29. Panzer-Grenadier-Division zusammen mit der 114. Jäger-Division den Einbruchsraum nach Osten bis zu der Gehöftgruppe „Padiglione" ausweiten sollte, während westlich der Albanostraße der Stützpunkt Buon Riposo zu beseitigen war.

Diese Kämpfe zur Sicherung des deutschen Frontbogens zogen sich bis zum 22. 2. hin. Der Angriff auf „Padiglione" schlug fehl, da der Gegner seinen für den 19. 2. geplanten Angriff entlang der „Allee" zur Ausführung brachte, und hier ab 19. 2. 06.00 Uhr alle deutschen Kräfte angespannt blieben, um diesen mit starken Panzerkräften vorgetragenen Vorstoß abzufangen. In Höhe des Spacassasi-Baches blieb der feindliche Angriff in der deutschen Abwehr liegen.

Am 20. 2. griffen alsdann 29. Panzer-Grenadier-Division und 114. Jäger-Division, erstere im Zug der „Allee", letztere im Zuge der von Norden auf „Padiglione" zuführenden Straße an. In dem mörderischen Artilleriefeuer des Gegners blieb der Angriff 2 km vor Padiglione liegen. Ein nochmaliger Angriff am 21. 2., unterstützt von Schlachtfliegern, Panzern und starker Artillerie, wird von der gegnerischen Artillerie, die mit rund 400 Rohren in die Abwehr eingriff, schon in der Annäherung zerschlagen. Die in den gleichen Tagen laufenden Angriffe der 65. Infanterie-Division gegen Buon Riposo blieben ebenfalls erfolglos; der feindliche Stützpunkt kann erst durch Einsatz des Panzer-Grenadier-Regiments 9 der 26. Panzer-Division am 22. 2. genommen werden. Dieser Erfolg ist aber gleichbedeutend mit dem Verlust des gesamten I. Bataillons.

Am 22. 2. abends, bei Beendigung der Schlacht im Raum Aprilia, gab es somit keinen Truppenteil, der nicht erhebliche

Verluste erlitten hatte. Die taktischen Zeichen der Verbände auf den Lagenkarten sagten über die effektiven Stärken nichts mehr aus. Was aber in seiner Wirkung auf die Haltung der Truppe für die Fortsetzung des Angriffes weit größere Folgen hatte, war der Verlust des Glaubens, die Aufgabe überhaupt schaffen zu können. Die Fortsetzung des Angriffes aus dem Raum Cisterna di Latina, wozu Oberbefehlshaber Südwest bereits am 20. 2. mittags im Groben einen Befehl gegeben hatte und der am 22. 2. bei der 14. Armee zur endgültigen Befehlsgebung führt, bedeutete für die teilnehmenden Verbände die Übernahme einer aussichtslosen, ihre Kräfte übersteigende Aufgabe, die damit von vornherein zum Scheitern verurteilt war. Es gab keine Hoffnung, dem vernichtenden feindlichen Artilleriefeuer und den Bombenteppichen entgehen zu können.

Der zweite Großangriff 29. 2.—2. 3. 1944

(Skizze 9)

Churchill gibt am 22. 2. zu dem Kampf um den Landekopf vor dem Unterhaus folgende Erklärung ab: „. . . so ist eine große Nebenfront enstanden, und irgendwie müssen wir uns ja mit den Deutschen schlagen, wenn wir nicht stillstehen und den Russen zusehen wollen."

Die Ansicht in alliierten Kommandostellen ging dahin: „Die Krisis durch den deutschen Gegenangriff war nicht notwendig, wenn man von Anfang an die ausreichend vorhandenen Kräfte und Mittel richtig organisiert und auf einander abgestimmt hätte. Durch diese Unterlassung der Corpsführung war ein Mißtrauen, besonders bei den Briten, gegenüber dem Corps entstanden. Die Corpsführung war in Planung und Führung niemals weder positiv noch vertraueneinflößend gewesen. Die

116

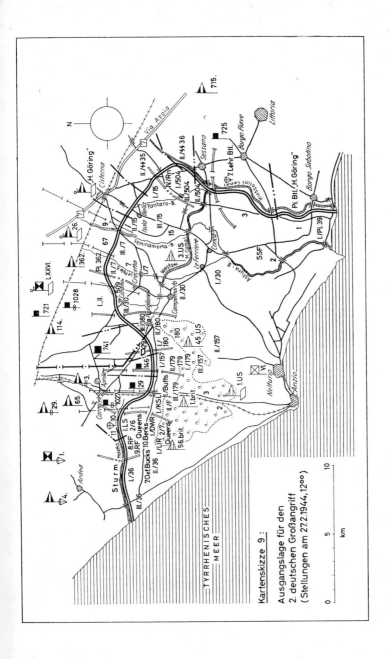

Kartenskizze 9:

Ausgangslage für den
2. deutschen Großangriff
(Stellungen am 27.2.1944, 12°°)

Zusammenarbeit mit den Briten war schlecht, da das Corps wenig über deren Führungsmethoden und Organisation kannte und bis dato wenig mit britischen Einheiten zusammengearbeitet hatte."

Als Sündenbock wurde der Corpskommandeur in die Heimat versetzt, und der Kommandeur der 3. US.-Infanterie-Division übernahm am 23. 2. die Corpsführung.

Aufgrund der schweren Verluste, die die Deutschen erlitten hatten, beurteilte das VI. US. Corps die Lage dahingehend, daß wohl zunächst kein weiterer deutscher Angriff auf die Mitte der Front zu erwarten war, ehe nicht irgendwo anders ein Ablenkungsangriff stattgefunden hatte.

Selbst sofort zum Gegenangriff zu schreiten, verhinderten die großen Verluste, besonders bei der Infanterie, die durchweg nur noch zwei Drittel bis die Hälfte ihrer Kampfstärken besaß. Besonders mitgenommen waren die an sich schon bedeutend schwächeren britischen Infanterie-Einheiten; aber auch bei der Panzerwaffe lagen die Geräte- und Menschenverluste bei etwa 30 Prozent. So forderte das Corps zunächst Ersatz an, der auch Anfang bis Mitte März durch Zuführung der 34. US.-Infanterie-Division und der 5. britischen Infanterie-Division sichergestellt wurde. Ferner stellte die Armee dem Corps für den Fall der Fortsetzung des deutschen Angriffes stärkste Luftwaffenunterstützung in Aussicht.

Um einen neuen deutschen Angriff an der Albanostraße erfolgreich abwehren zu können, wurde der Frontabschnitt der 45. US.-Infanterie-Division an der Albanostraße verengt und das Panzer-Grenadier-Regiment 6 der 1. US.-Panzer-Division sowie Teile des Infanterie-Regiments 30 vor dem deutschen Frontbogen im Raum Carano-Padiglione bereitgestellt. Die 1. britische und 56. britische Infanterie-Division übernahmen den Abschnitt westlich der Albanostraße bis zum Meer. Eine neue Verteidigungslinie etwa 2 km südlich der

Straße 82 wurde ausgebaut und von örtlichen Reserven be-
setzt. Die gesamte Artillerie im Landekopf, straff zusammen-
gefaßt, konnte von einer Korps-Feuerleitstelle geschlossen
gegen Objekte zum Einsatz gebracht werden. Da der Nach-
schub kaum eine Behinderung erlitt, sind die Lager rasch auf-
gefüllt und werden sogar verstärkt. Ein Artillerieeinsatz von
mehreren tausend Schuß auch an sogenannten ruhigen Tagen
bedeutet keinerlei Lagerverknappung. Die vordersten Stellun-
gen sowie die Stützpunkte werden durchgehend verdrahtet
und vermint, die Häuser-Stützpunkte durch schwere Infanterie-
waffen weiter verstärkt.

Die deutschen Angriffsvorbereitungen

Die Verlagerung des Angriffsraumes nach Osten auf den
Frontabschnitt Isolabella — Carano bedingte eine Neugliederung, die am 22. 2. anlief und bis 27. 2. durchgeführt ist.
Dem LXXVI. Panzer-Korps, dem wiederum der Angriff obliegt, unterstehen nunmehr von der Küste beginnend: 715. Infanterie-Division (t.mot.), Fallschirm-Panzer-Division „HG",
die für die angriffsweise Verwendung durch Teile der 362. Infanterie-Division abgelöst worden war, nachdem letztere ab
18. 2. beginnend ihren Küstenabschnitt an die in Aufstellung
begriffene 92. Infanterie-Division abgegeben hatte. Für den
Angriff war die Fallschirm-Panzer-Division „HG" durch die
Tiger-Abteilung 508, eine Sturmhaubitz-Batterie 216, eine
Kompanie Ferdinand-Tiger, eine Kompanie B IV (fern-
gesteuert) verstärkt worden. Anschließend nach Westen folgte
die 26. Panzer-Division, verstärkt durch die I./Panzer-Regi-
ment 4 (Panzer V), eine Kompanie B IV, eine Batterie Sturm-
haubitzabteilung 216, alsdann die 362. Infanterie-Division,
verstärkt durch eine Kompanie Panzer-Regiments 4, eine

Kompanie „Goliath", eine Kompanie Pionier-Bataillon 60. Den rechten Korpsflügel bildete die 114. Jäger-Division, verstärkt durch Panzer-Grenadier-Regiment 1028, 5./Panzer-Regiment 26, eine Kompanie Pionier-Bataillon 60.

Dem I. Fallschirmjäger-Korps werden unterstellt: 3. Panzer-Grenadier-Division, verstärkt durch Infanterie-Lehr-Regiment, nach Westen anschließend 65. Infanterie-Division und bis zum Meer 4. Fallschirmjäger-Division.

Die 29. Panzer-Grenadier-Division, als Armee-Reserve für den Angriff vorgesehen, wird erst am 27. 2. aus ihrem Stellungsabschnitt südlich Aprilia herausgezogen und im Raum Velletri versammelt.

Von den Verbänden des LXXVI. Panzer-Korps sollten den Angriff in vorderer Linie führen: Fallschirm-Panzer-Division „HG", 26. Panzer-Division und 362. Infanterie-Division. Die 29. Panzer-Grenadier-Division blieb bereitgestellt, um je nach Entwicklung des Angriffs am Ostflügel oder im Abschnitt der 26. Panzer-Division eingesetzt werden zu können. Der Entschluß, den zweiten Angriff auf so breiter Front zu führen, entsprang der Überlegung, daß auf diese Weise einmal das übermächtige Artilleriefeuer des Gegners zersplittert, zum anderen die eigenen Panzerkräfte besser zum Einsatz gebracht werden könnten.

Der Zeitpunkt des Angriffes war im wesentlichen abhängig von der Munitionsbevorratung und dem Wetter. Durch die völlige Zerstörung der Bahnverbindungen bis nördlich Florenz stieß die Heranschaffung des Nachschubes jedoch auf enorme Transportschwierigkeiten, sodaß beim Angriffsbeginn das Soll nicht vorhanden war.

Für den Einsatz der Panzer mußte der Boden soweit abgetrocknet sein, daß sie auch abseits der Straßen fahren konnten.

Am 25. 2. gibt die Armee den Befehl für den Angriff heraus.

Als Angriffstag ist der 28. 2., 04.00 Uhr, vorgesehen. In dem Befehl waren die Aufträge für die beiden Korps etwa wie folgt gegeben:

Das LXXVI. Panzer-Korps soll an seinem Südflügel durch die 715. Infanterie-Division (t.mot.) die Vorbereitung eines größeren Angriffs über den Mussolini-Kanal südlich Borgo Piave vortäuschen (Unternehmen „SÜD"). Für die Angriffsdivisionen kommt es darauf an, schnell Brückenköpfe über den Astura-Bach beziehungsweise über den Westzweig des Mussolini-Kanals im Raum Le Ferrier — Borgo Padiglione zu bilden. Die 114. Jäger-Division soll den Angriff der 362. Infanterie-Division an ihrem linken Flügel unterstützen.

Das I. Fallschirmjäger-Korps soll einen neuen Angriff in seinem Abschnitt vortäuschen und hierzu besonders in der Nacht vom 27./28. 2. lebhafte Stoßtrupptätigkeit durchführen. Insbesondere soll unter Mitwirkung der 3. Panzer-Grenadier-Division die Versammlung einer starken Kräftegruppe im Raum Ardea vorgetäuscht werden.

In dem tatsächlichen Angriffsraum soll jede auffallende Erkundungstätigkeit unterbleiben.

Das LXXVI. Panzer-Korps befahl demgemäß drei Angriffsschwerpunkte: Die Fallschirm-Panzer-Division „HG" erhielt den Auftrag, aus dem Raum Cisterna über Isolabella angreifend den Raum Le Ferrier-Montello zu erreichen und hier einen Brückenkopf über den Mussolini-Kanal zu bilden;

die 26. Panzer-Division, aus dem Raum westlich Cisterna über Ponte Rotto antretend, sollte Campomorto erreichen und hier ebenfalls einen Brückenkopf über den Kanal bilden;

die 362. Infanterie-Division sollte zur Entlastung und zum Flankenschutz, unterstützt durch die 114. Jäger-Division, Carano nehmen. Durch große Tiefenstaffelung und die Bereithaltung von Reserven sollte der Angriff beweglich gestaltet und rasch die Schwerpunkte gewechselt werden können. Daß bei der Schwäche der Angriffsverbände dadurch breite Lücken zwischen den Angriffsabschnitten entstanden, mußte in Kauf genommen werden.

Am 27. 2. muß die Armee den Angriffstermin wegen des seit dem 25. 2. anhaltenden Regens, durch den das Angriffsgelände in einen sumpfartigen Zustand versetzt wird, auf den 29. 2. verschieben. In dem zähen roten Brei der Weinbergerde können Artillerie und schwere Infanteriewaffen nur mit Hilfe von Zugmaschinen in Stellung gebracht werden. Die Isolabella- und Ponte-Rotto-Straße verschwinden unter einer knietiefen Dreckschicht und sind durch Räderfahrzeuge nicht mehr befahrbar. Dabei ist für das Gelingen des Angriffes der 26. Panzer-Division eine wesentliche Voraussetzung, daß für die gepanzerten Teile in der Angriffsnacht ein einwandfreier Übergang über den Femina-Morta-Bach bei Ponto Rotto geschaffen wird (60-Tonnen-Brücke).

Nachdem am 28. 2. nachmittags die Sonne wieder durchbricht, die weiteren Wetteraussichten auch nicht ungünstig sind, eine weitere Verschiebung des Termines aber dem Angriff jegliches Moment der Überraschung nehmen würde, hält die Armee an dem neuen Termin fest. Der entsprechende Funkspruch um 17.30 Uhr wird vom Gegner abgehört.

Der Angriff

Auf die in der Nacht zum 29. 2. anlaufenden verstärkten Stoßtruppunternehmen im Frontabschnitt des I. Fallschirmjäger-Korps reagiert der Gegner mit äußerster Heftigkeit und schwerstem Sperrfeuer. Ab 04.30 liegt im Raum Cisterna auf allen vom Gegner vermuteten Bereitstellungsräumen und Anmarschwegen schweres Störungsfeuer, das die letzten Angriffsvorbereitungen und Bewegungen erheblich behindert.

Im Abschnitt der 26. Panzer-Division gelingt es der bereitgestellten Brückenkolonne nicht, bis zum Angriffsbeginn die

122

60-Tonnen-Brücke über den Fosso zu bauen. Teils war die Straße durch bereitgestellte schwere Panzer so beengt, daß die Fahrzeuge nicht vorbei konnten, teils blieben sie in Straßendreck und Störungsfeuer stecken.

Um 04.45 eröffnet die Artillerie mit einem Feuerschlag den Infanterie- und Panzerangriff.

Im Abschnitt der Fallschirm-Panzer-Division „HG" hatte in der Nacht ein kampfkräftiger Stoßtrupp Isolabella umgangen und den großen Stützpunkt von rückwärts abgeriegelt. Was jedoch nicht gelingt, ist der Frontalangriff auf Isolabella. In einem mörderischen Artilleriesperrfeuer und im Dreck bleiben die Truppen nach wenigen 100 m stecken. Da der Ort nicht genommen werden kann, wird der Stoßtrupp im Laufe des Vormittags vom Gegner aufgerieben.

Bei der 26. Panzer-Division gelingt es lediglich einer Panzerkompanie (8./Panzer-Regiments 26), den Fosso Femina Morta über die Furt zu durchfahren, dann ist die Furt nur noch ein riesiges Schlammloch, in dem ein Panzer bewegungsunfähig steckt. Die Begleitpioniere können ihre elektrischen Minensuchgeräte nicht einsetzen, da sie auf die unter dem Dreck liegenden Minen nicht ansprechen. Bei dem tapferen Versuch, mit Stocheisen die Minen aufzuspüren und den Panzern auf der Straße einen Weg zu bahnen, werden die Männer wie Hasen abgeschossen. Versuche der Panzer, abseits der Straßen und Feldwege zu operieren, schlagen fehl, die Wagen sinken bei einem Schießhalt rettungslos bis an die Wanne ein und werden von der feindlichen Panzerabwehr wie auf dem Schießstand abgeschossen.

Die Infanterie, die in dem zusammengefaßten Abwehrfeuer des Gegners nur sprungweise vorgehen kann, ist nach ganz kurzer Zeit so verdreckt, daß keine Handfeuerwaffe mehr schießt. So können bis Mittag dem Gegner unter großen Verlusten nur wenige 100 Meter Gelände abgerungen werden.

Der Angriff der 362. Infanterie-Division bleibt ebenso, etwa 2 km vor Carano, im feindlichen Artilleriefeuer liegen. Die zur Unterstützung eingesetzte Panzerkompanie büßt alle Wagen ein.

Bereits um 17.30 Uhr geht der Gegner zum Gegenangriff über, zu dessen Abwehr der eigenen Artillerie die Munition in ausreichendem Maße fehlt.

Da in der Nacht zum 1. 3. die am weitesten vorgedrungenen Angriffsspitzen wegen des feindlichen Trommelfeuers, das auf allen Nachschubwegen liegt, nicht versorgt werden können, gelingt es dem Gegner bei Fortsetzung seiner Gegenangriffe — wobei einzelne Angriffsbataillone von Artillerie-Abteilungen unterstützt werden — die deutsche Angriffsfront langsam auf die Ausgangsstellungen zurückzudrücken.

Auch das Unternehmen „SÜD" endete mit einem Mißerfolg, da der Gegner die Täuschung sofort erkennt, mit viel stärkeren Kräften pariert, und so erhebliche Verluste eintreten.

In der Erkenntnis, daß eine Fortsetzung dieses Großangriffes mit den vorhandenen Kräften völlig aussichtslos ist, zumal der Gegner bei der Abwehr bisher dank des schlechten Wetters seine Luftwaffe noch nicht einmal einsetzen konnte, gibt die Heeresgruppe um 18.45 Uhr den Befehl zum Einstellen des Angriffes und zum Übergang zur Verteidigung auf der gesamten Front.

Was der Gegner gewillt war, bei Fortsetzung des deutschen Angriffes an Luftwaffe zu seiner Zerschlagung einzusetzen, beweist der Angriff am 2. 3. Im bisher größten Einsatz des italienischen Feldzuges fliegen 251 Zweimotorige, 100 fliegende Festungen, begleitet von 176 Jägern, einen Angriff auf Cisterna, Velletri und Aprilia, während in fast gleicher Zahl leichte und mittlere Jagdbomber die deutschen Stellungen im Zuge der Eisenbahnlinie Cisterna, Aprilia angreifen. Eine deutsche Luftabwehr gibt es nicht, Jäger sind keine vorhanden,

und die Flak hat einem solchen Angriff nichts entgegenzusetzen; sie schweigt daher.

Nachdem das letzte Flugzeug dieser Luftarmada nach Süden
verschwunden ist, herrscht Ruhe im und um den Landekopf
Anzio-Nettuno.

Schlußbetrachtung

I. Die Alliierten:

*Der Chef des Stabes des französischen Expeditionskorps,
General Carpentier, hat in einer Studie über Anzio-Nettuno
zum Ausdruck gebracht, „daß man bei diesem Unternehmen
dem Gedanken der Sicherung nach allen Seiten zuviel Be-
achtung geschenkt habe. Die schlechten Erfahrungen bei
Salerno, wo man auf einen abwehrbereiten deutschen Gegner
stieß, waren auf Anzio-Nettuno nicht übertragbar; hier gab
es zur Zeit der Landung und 24 Stunden später noch keinen
ernsthaften Gegner. Das Verhalten des VI. US. Corps verstieß
somit gegen den Grundsatz, daß ein taktischer Erfolg sofort
ausgenutzt werden muß[1].“*

*Wenn schon der alliierten Führung die schnelle Re-Aktions-
fähigkeit der deutschen Führung zur Genüge bekannt war,
gab es für sie nur eine Möglichkeit des Handelns, nämlich die
ebenso schnelle „Aktion“, die dem Gegner das Handeln vor-
schreibt. Das VI. US. Corps sah sich selbst als den Schwächeren
an, hätte aber dank seiner hohen Beweglichkeit und unter
Ausnutzung der Überraschung durchaus der Stärkere sein
können.*

*Sir W. Churchill, stark enttäuscht, sagt dazu: „Ich hatte ge-
hofft, wir würden eine Wildkatze an Land setzen, statt dessen
war es ein gestrandeter Walfisch[2].“*

Anlage — Quellen: [1] I/17 — [2] I/1

In den ausschlaggebenden Stunden nach der Landung fand sich niemand bereit — ausgenommen die beiden beteiligten Divisions-Kommandeure — den ursprünglichen Operationsbefehl für die Landung und die Bildung des Landekopfes über Bord zu werfen und den Befehl für einen kühnen „Raid" zu geben. Die Anweisung der 5. US.-Armee, die kurz nach der Landung an das VI. US. Corps übermittelt wurde, und die der Kommandierende General des VI. US. Corps in seinen Erinnerungen wie folgt festgehalten hat: „... daß er (General Clark) mich nicht zwänge vorzustoßen und zu riskieren, das ganze Corps zu opfern. Sollten die Bedingungen es allerdings rechtfertigen, sei ich nicht gebunden und könnte gegen die Albaner-Berge vorgehen![3]", kann wohl von niemandem als Befehl oder auch nur als Anregung zu einem kühnen Angriff aufgefaßt werden. Die 5. US.-Armee war somit nicht geneigt, auf Grund der Lage einen neuen Entschluß zu fassen.

Stellt man die Ansicht General Carpentiers der Anweisung der 5. US.-Armee gegenüber, so taucht die Frage auf, ob hier nicht zwei unterschiedliche militärische Führungs- und Schulungsgrundsätze in Erscheinung treten: „Auftragstaktik" und „Befehlstaktik".

Das VI. US. Corps handelte nach dem im Detail ausgearbeiteten Befehl für die Landung und Bildung des Landekopfes und ging so im Sinne der Befehlstaktik richtig vor. Unverständlich bleibt das Vorgehen des VI. US. Corps all denen, für die aus dem Auftrag sowie aus der Beurteilung der Lage der Entschluß heranreift, und für die das rechtzeitige Erkennen der Umstände und des Zeitpunktes, die einen neuen Entschluß erfordern, das Wesen der Führungskunst ist. Dabei darf der Führer den Unterführern einen Entschluß, für den er selbst verantwortlich ist, nicht überlassen (TF).

---

[3] I/7, Seite 352/3

Das technische Zeitalter fordert die Führung dank der Mittel, die es ihr in die Hand gegeben hat, geradezu heraus, schnelle Entschlüsse zu fassen. Die Führung muß die Mittel beherrschen und nicht umgekehrt; eine Führung, die maschinenmäßig denkt und handelt, wird einem entschlußfreudigen Gegner immer unterlegen sein. Die Truppe ist keine Maschine, sie darf daher auch nicht wie eine Maschine, die ja nicht mitdenken kann, gesteuert werden. Damit gehört aber die Befehlstaktik ins Museum für das 18. Jahrhundert, in dem der Stock des Offiziers Rückgrat und Antrieb der Truppe war, für eine Truppe, die nie eine innere Beziehung zu ihrem Auftrag hatte.

Die Führung des Angriffes vom 29. 1.— 1. 2. war mit der 5. US.-Armee besprochen und von ihr gebilligt worden. Seine Schwäche tut sich dort kund, wo es in dem Befehl heißt: „. . . da die beiden Angriffskeile sich auseinanderbewegen, wird auf Kontrolle und Koordination der beiden Angriffe besonderer Wert gelegt."

Man schielte bei diesem Angriff zu sehr mit einem Auge nach dem militärpolitischen Ziel Rom, wollte aber auch dem Grundgedanken von „Shingle" — Abschnürung der rückwärtigen deutschen Verbindungen — nachkommen. Daß acht Tage nach der Landung gegen den deutschen Widerstand ein Erfolg nur durch Konzentration aller Kräfte auf eine Aufgabe, also durch „Klotzen" an einer Stelle zu erreichen war, hatte der Kommandeur der 3. US.-Infanterie-Division klar erkannt und seinen Vorschlag danach ausgerichtet. Er fand aber kein Gehör.

Bei dem Ausbruch aus dem Landekopf, Ende Mai 1944, handelte das VI. US. Corps unter seiner Führung nach diesem Grundsatz und kam zum Erfolg.

II. Die Deutschen

Die völlig ungenügenden Feindnachrichten hatten den rechten Flügel der 10. Armee an den Rand einer Katastrophe geführt. Oberbefehlshaber Südwest war noch Tage nach der Landung über die feindlichen Absichten und die Kräfteverteilung im Mittelmeerraum so wenig unterrichtet, daß er mit der Möglichkeit einer weiteren Landung bei Civitavecchia bzw. Livorno rechnete und sich damit zu einer Kräfteverzettelung gezwungen sah.

Trotz der Bedeutung, welche die Zerschlagung des Landekopfes haben mußte, war der Wehrmachtsführungsstab nicht bereit, alle in der Planung vorgesehenen Reserven dem Oberfehlshaber Südwest zuzuführen.

Die Zerstörung der Verkehrswege und -mittel durch die feindliche Luftwaffe, der die Luftflotte 2 nichts entgegenzusetzen hatte, war so groß, daß die Heranführung von Truppen und Material an den Landekopf immer wieder neuen Verzögerungen unterworfen war und damit jegliche Zeitplanung unmöglich machte.

Wesentliche Teile der zum Angriff antretenden Verbände verfügten über keine ausreichende Ausbildung und Kampferfahrung. Infanterie-, Artillerie- und Panzerverbände waren sich zum Teil völlig fremd und nicht aufeinander eingespielt. Eine Ablösung ausgelaugter Infanterie-Verbände war wegen Mangels an Reserven unmöglich. Die deutsche Angriffsführung am 16. 2. bedeutete für den Gegner keine Überraschung. Trotzdem glaubte man bei allen deutschen Kommandobehörden angesichts der bereitgestellten Kräfte und des Materials, den Durchstoß nach Anzio-Nettuno auf dem kürzesten Wege entlang der Albanostraße erzwingen zu können. Bedenken bestanden bei Oberbefehlshaber Südwest und der 14. Armee lediglich gegen die vom Wehrmachtsführungsstab vorgeschriebene Angriffsbreite von 6 km und die Verfügung, welche Verbände in der ersten Welle angreifen sollten. Gegen Hitlers Willen kam man aber nicht durch. Die Freiheit des Handelns, wie sie der Auftragstaktik zugrunde liegt, war somit hier nicht gegeben.

Die von der obersten Wehrmachtsführung vorgeschriebene Kräftemassierung in einem so schmalen Angriffsstreifen, ohne ausreichende Mittel, die gegnerische Artillerie für die Dauer des Angriffes niederhalten zu können, führte zusammen mit der nicht genügend beachteten Ungunst des Geländes beim Einsatz der Panzer zu dem Fehlschlag. An Aufopferung und Hingabe der Truppe fehlte es nicht. Einen Hinweis, wie man vielleicht mit mehr Erfolg den Angriff hätte ansetzen müssen, gibt der Ablenkungsangriff im Abschnitt der 65. Infanterie- und der 4. Fallschirmjäger-Division, der zu einem überraschenden, aber nicht ausgewerteten Einbruch in den britischen Stellungsabschnitt führte. Ein derartiger Angriff von Nordwesten war zwar erwogen, aber im Hinblick auf die Schiffsartillerie und die Unmöglichkeit einer Panzerunterstützung wieder verworfen worden. Ob die Situation hätte genutzt werden können, bleibt dahingestellt; sicher ist, daß die starke feindliche Panzerreserve im Padiglionewald nicht zum Tragen gekommen wäre. Von Oberbefehlshaber Südwest wurde der 14. Armee bei späterer Gelegenheit eine nicht genügende Wendigkeit in der Führung vorgeworfen.

Der Angriff vom 29. 2. bestätigte die frühe Erkenntnis der 14. Armee, daß man zu einem zweiten Angriff nicht mehr stark genug sein würde; dies galt sowohl für die psychologische als auch die materielle Seite des Kampfes. Es half nun nichts mehr, daß man die Angriffsbreite verdoppelte und verdreifachte, um das feindliche Artilleriefeuer zu zersplittern; nun fehlten die zur Nährung des Angriffes notwendigen Reserven. Sie waren in der Materialschlacht bei Aprilia erfolglos verblutet. Auch bedeutete dieser Angriff wiederum keine Überraschung für den Gegner. Er traf zudem auf einen Stellungsabschnitt, in dem der Feind fast einen Monat Ruhe zum Ausbau gut genutzt hatte. Die Ungunst der Witterung trug ihr übriges bei, daß der Angriff zum Scheitern verurteilt war.

Am 2. 3. und 3. 3. und neuerlich am 7. 3. weilte der Chef des Stabes Oberbefehlshaber Südwest, General Westphal, im Führerhauptquartier, um über den Verlauf des Kampfes um den Landekopf und die daraus zu ziehenden Lehren Vortrag zu halten. Bei dem Besuch am 7. 3. begleiteten ihn, unter Führung von Generalleutnant Fries, zwölf Kommandeure von Truppenteilen, die an den Kämpfen teilgenommen hatten.

Die Erkenntnis der Heeresgruppe gipfelte darin, daß das deutsche Heer nach viereinhalb Jahren Krieg nunmehr so ausgeblutet war, daß man zu einem Angriff nicht mehr fähig und daß es höchste Zeit war, ein rasches Ende des Krieges zu suchen. Die Befragung der begleitenden Frontoffiziere ergab das gleiche Bild.

Diese Berichterstattung ist einmalig in der Geschichte des Zweiten Weltkrieges; zu einer Konsequenz führte sie bei der obersten deutschen Führung nicht.

ANHANG

KOMMANDOSTÄBE UND KOMMANDEURE

I. Deutsche

Heeresgruppe „C", Oberbefehlshaber Südwest:
Feldmarschall Kesselring
14. Armee: Generaloberst von Mackensen
LXXVI. Panzer-Korps: General d. Pz.Tr. Herr
I. Fallschirmjäger-Korps: General d. Fl. Schlemm
26. Panzer-Division: Generalleutnant Smilo von Lüttwitz
29. Panzer-Grenadier-Division: Generalleutnant Fries
3. Panzer-Grenadier-Division: Generalleutnant Gräser
Fallschirm-Panzer-Division „Hermann Göring":
General d. Fl. Conrath
65. Infanterie-Division: Generalmajor Pfeiffer
71. Infanterie-Division Generalmajor Raapke
715. Infanterie-Division (t.mot.): Generalmajor Hildebrandt
114. Jäger-Division: Generalleutnant Eglseer
362. Infanterie-Division: Generalleutnant Greiner

II. Engländer und Amerikaner

15. Army Group: General Sir Harold R. Alexander (E)
5. US.-Armee: General Mark W. Clark (A)
VI. US. Corps: General John W. Lucas (A)
1. US.-Panzer-Division: General E. N. Harmon (A)
3. US.-Infanterie-Division:
General L. K. Truscott jr.
General John W. O'Daniels
45. US.-Infanterie-Division: General W. Eagles, William
1. britische Infanterie-Division: General Penney WRC
56. britische Infanterie-Division: General Gerald Templar

AUFZEICHNUNGEN

eines Offiziers der 24. Brigade, 1. engl. I.D.

Übersetzung

20. 1. 44

Oragnano. Es hatte sich herausgestellt, daß das Batl. wahrscheinlich nicht vor Mittag abzumarschieren haben würde, daher richtete
man es so ein, daß jeder ein so reichliches Mittagessen bekam, wie er
es bewältigen konnte, und daß man danach zu den Booten marschierte. Das Batl., das mittags zum Appell angetreten war, trat
wieder weg, um den Marschbefehl abzuwarten. Als dieser dann
kam, marschierte das Batl. nach Castellamare di Stabia mit der
Regimentsmusik der Irish Guards an der Spitze. Als man in die
Höhe der Stadt kam, wurde die Regimentsmusik auf 3-Tonner verladen und fuhr schnell zurück, um sich an die Spitze des I./Irish
Guards zu setzen. Zuerst jedoch stellte sich die Kapelle hinter der
Parade-Tribüne auf, wo der Oberstltn. vom Rgt. den Vorbeimarsch
des Batl. abnahm. Es ist unmöglich, wenn man mit der ganzen
Kriegsausrüstung beladen ist und Spaten, Kochgeschirr und Muni-
tion schleppen muß, die klassische Paradeform durchzuhalten, aber
für den Zuschauer schien sie fast vollkommen erreicht.

Als sich das Batl. endlich auf die 4 LCI einschiffte (das Batl.,
d. h. nur die 4 Schützen-Komp., der Batl-Stab und ein paar Leute
von der Stabs-Komp.) fand es soviel Verpflegung an Bord, daß selbst
der größte Gardemann mit dem hungrigsten und leersten Magen
sich fragte, wie er Zeit finden sollte, alles zu vertilgen.

Kurz nach der Einschiffung, gerade als es anfing dunkel zu werden, standen die LCI vor der Küste und warteten bis zum Morgen.

21. 1. 44

Auf See. Der Geleitzug formierte sich, und nach Vereinbarung
mit den IST, die etwas weiter draußen standen, dampfte alles in
richtigem Kriegsmarsch von der Küste weg nach Westen. Wir fuhren
links an Capri vorbei, und als es wieder dunkelte, war kein Land
mehr in Sicht.

Inzwischen waren Landkarten nach einem ziemlich großzügigen
Verteiler ausgegeben worden. Die Planung war offenbar auch in
bezug auf die Genauigkeit der Karten gründlich gewesen. Nach dem

Verteilungsplan konnten alle Offiziere, Offizier-Stellv. und Zugfeld-webel 1:50 000-Karten des Gebietes bekommen; davon waren 2 je Komp. mit der vor 14 Tagen überprüften Einzeichnung der deut-schen Verteidigungsstellungen überdruckt. Gruppenführer konnten 1:100 000 Karten haben, die für flaches Gelände äußerst schwierig zu lesen sind, da die Schichtlinien im Abstand von 50 Metern verlau-fen, die sich aber gut für gebirgiges Gelände eignen und die besser sind als gar keine. Außerdem gab es Küsten-Panoramas, 1:25 000-, 1:250 000-Karten und 1:200 000-Straßen-Karten, diese alle mit klei-nerem Verteiler, ganz zu schweigen von 3 Sätzen Luft-Aufnahmen je Batl. (Mosaikbild des Gebietes, Gebiets-Schrägbild und Mosaik-bild der Küste).

Wir waren vielleicht insofern schlecht dran, als wir die ältere Form der LCI bekamen, welche Holz-Sitze statt der modernen Se-geltuch-Kojen haben, aber ein Gardemann kann überall schlafen und ist im allgemeinen ganz zufrieden, wenn er ein Dach über dem Kopf hat.

Die Landung war für 7 Uhr morgens festgesetzt, und zwar am Küstenabschnitt PATER, OTANOK, etwa 8 km nördl. Anzio und etwa 50 km südl. Rom. Die 24. Garde-Brigade sollte nach der 2. und 3. Inf.Brigade landen und nach einem Versammlungsraum OSO des Küstenabschnitts marschieren. Das I./Scots Guards war von der Brigade abgesondert worden und sollte zeitig in „DUCKS" (Schwimm-Lkw) landen, um die Hauptstraße zu besetzen.

Andere Truppen, die zur Unterstützung dienen sollten, waren die 48. Pz.Abt., ausgerüstet mit Sherman-Panzern, ein Artl.Rgt., mittleres Kaliber, und ein ArtlRgt.Sfl. Das ganze geschah im Zu-sammenwirken mit der Landung der 3. amerik. I.D., einige km SO Anzio, der Ranger-Bataillone vorausgegangen waren und die auch das 504. Fallschirm-Jg.Rgt. bei sich hatte, dessen Aufgabe ursprüng-lich gewesen war, Campo di Carna zu nehmen ...

22. 1. 44

Als der Tag anbrach, erhielten die LCI, die in diesem Augen-blick etwa 25 km von der Küste entfernt waren und schnell dem Lande zustrebten, die Nachricht, daß die Landung im mittleren Ab-schnitt erfolgreich verlaufen sei und daß die Verluste sehr gering gewesen seien. Um ? Uhr — unsere eigentliche Landungszeit — lagen wir einige Meilen vor der Küste inmitten von etwa 70 Schiffen aller Typen vor Anker. Die Verzögerung wurde durch die sehr flache Steigung der Küste und die doppelte Sandbank hervorgeru-fen, die zur Folge hatten, daß die LST in einiger Entfernung von der Küste auf Grund liefen. Das bedeutete, daß alle Fahrzeuge in LCM überführt werden mußten oder daß ein LST nach dem anderen an dem Ponton-Kai festmachen mußte, den die Küsten-Pioniere gebaut hatten, was natürlich den Zeitplan über den Haufen warf. Das erste LCI des Batl. stieß auf die innere Sandbank gegen 08.30 Uhr, etwa 20 m vom Strand entfernt, und die ersten Truppen stiegen aus, wo das Wasser 60 cm tief war. Einige Schritte zur Küste, und sie standen bis zu den Achseln im Wasser. Glücklicherweise waren einige „DUCKS" verfügbar, die den Rest des Batl. hinüberbrachten, der soweit trockenen Fußes an Land kam. Alle Truppen waren in bezug auf den Weg zum Versammlungsraum gut unterrichtet worden, und in sehr kurzer Zeit waren die Schützen-Kompanien etwa 1 km nördl. Torre Caldara aufgestellt. Mit den Scots-Guards, die 2 Kompanien weiter südl. auf der Straße und 2 Kp. auf dem höher gelegenen Gelände ostwärts der Straße hatten, wurde Verbindung aufgenommen. Von ihnen erfuhr man, daß bisher nur wenig Berührung mit dem Feinde stattgefunden hatte — ein Angehöriger der 1. Kp. der Aufkl.Abt. der 29. Pz.Gren.Div. war vom Soziussitz eines Motorrades heruntergeschossen worden, und ein anderer Gefangener hatte zum II./Gren.Rgt. 71 (mot) gehört, einem der beiden Rgt. der 29. Pz.Gren.Div.

Kurz vor Mittag kam der Oberbefehlshaber, Sir Harold Alexander, zum Batl.Stab, wo der Brigade-Kdr. und die anderen Kommandeure der Brigade versammelt waren. Er sagte, daß die 29. Pz.Gren.Div., die als unser unmittelbarer Gegner angegeben worden war, an die Front der 5. Armee gesandt worden sei, wo der Garigliano-Brückenkopf gute Fortschritte mache. Die 3 Fallsch.Jg. Bataillone seien nach Norden verlegt worden, um der Bedrohung entgegen zu wirken, die in dem Besetzungsplan (= Cover-Plan) vorgesehen war. Danach konnte zwischen dem Landekopf und Rom nur ein Batl. (II/71) Gren.Rgt. (mot.) stehen. Der Oberbefehlshaber hatte schon entschieden, die 1. Amerik. Pz.Div., die bis dahin im Raum von Neapel stand, herzubringen.

Bis zum frühen Nachmittag waren 1 oder 2 Fahrzeuge an Land gebracht worden, und der Landekopf dehnte sich aus. Die 2. Inf. Brigade rückte N und NO vor mit den Loyals an der Küste und den N.STAFFS. und GORDONS landeinwärts. Die ersten Ziele waren sehr schnell erreicht und um 16.00 Uhr die Brücke; die Straßenkreuzung bei Campo di Carne. 8628 (= bei M 29, $^1/_2$ km S Straßenkreuz) war im Besitz der N.Staffs., während die Gorders an der Hauptstraße, etwa 300 m südlich, lagen. Die übrigen Kräfte waren so weit vorgerückt, daß die Rangers eine Linie um Anzio hielten, die O von Fornce Paiella (3819) nach Zuchnetti (8720 und 8220) verlief. Truppen der 3. amerik. I.D. hatten Nettuno genommen, doch war es nicht möglich, zu erfahren, welcher Fortschritt O der Stadt gemacht worden war.

Kurz vor Dunkelheit marschierten die Scots-Guards zu dem Dreieck 843242, 856241, 833226 (etwa Punkt 69, Punkt 74, K 32). Die Irish Guards rückten nach S, um einige der Stellungen der Scots Guards zu übernehmen; einen ungefähr ebenso großen Teil des Batl. hatten sie aber auf der Höhe östl. Torne Caldara. Und diesem Batl. wurde die Straße um 834206 (etwa Punkt 36) herum zugewiesen, wobei die 1. und 3. Komp. gleich O der Straßenbiegung und die 2., die Stabs- und die Unterstützungs-Komp. westlich der Straße lagen. Um 20.30 Uhr war eine gut zu verteidigende Bereitschaftsstellung geschaffen, ein warmes Essen war ausgegeben worden, und das Batl. und — nachdem IRT 104 an den Pontons festgemacht hatte — auch ein ziemlich großer Teil der Batl.-Fahrzeuge der ersten Teile war eingegraben.

Um 22.00 Uhr waren 8 Jeeps, 19 Carrier, alle sechs 5,7 Pak, sieben 3 Tonner (davon einer im Morast versunken und einer mit ausgebrannter Kupplung), zwölf $^3/_4$ Tonner, der Kommandeurwagen, der Wasserwagen und der Funkwagen angekommen.

Ein Vorbefehl war eingegangen von . . . .

(hier bricht der Bericht ab.)

Abt.Gef.Std., den 22. 1. 44

Panz.Aufkl.Abt. 129

Abt.   Ia

Betr.: Feindlandung bei Nettuno am 22. 1. 44

Bezug: Stab/Gen.Insp.d.Pz.Tr. vom 30. 1. 44.

Zum Zeitpunkt der Landung am 22. 1. 44 war der Abschnitt Tiber-Terracina (einschl.) besetzt durch: *rechts* II./Gren.Rgt. 71 (mot.) (Tiber-Asturamündung ausschl.), *links* Pz.A.A. 129 (Asturamündung-Terracina einschl.) Befehlsführend im gesamten Abschnitt war Kommandeur Pz.A.A. 129.

Zu 1.) Die Landung im Raume Anzio-Nettuno erfolgte in den frühen Morgenstunden des 22. 1. 44 ab 03.00 Uhr. Das Vorbereitungsfeuer der Schiffsartl. setzte um 01.00 Uhr ein. Bei Tagesanbruch konnten durch Pz.Spähtrupps auf See folgende Schiffseinheiten beobachtet werden: 7 schwere und 6 leichte Kriegsschiffeinheiten, 30—40 Transporter und 80—100 Landungsboote. Durch das Feuer der Schiffsartillerie wurden die Besatzungen im Augenblick der Landung der ersten Welle niedergehalten. Nach Überwindung des dann einsetzenden starken Widerstandes der in und beiderseits Nettuno eingesetzten Teile ging der bereits gelandete Feind in drei Hauptstoßrichtungen fächerartig vor:

a) entlang der Küste nach Südosten,
b) beiderseits der Straße Nettuno-Cisterna nach Norden und Nordosten,
c) entlang der Küste nach Nordwesten.

Bei den Vorstößen entlang der Küste griff der Feind die dort eingesetzten schwachen Teile umfassend an und machte sie nach heftigem Kampf nieder. Gleichzeitig damit wurden ununterbrochen weitere Kräfte, insbesondere schwere Waffen und Panzer, angelandet. Panzerkräfte sammelten im Raum südwestlich Ardea. Flak war bereits mit der ersten Welle an Land gesetzt worden und unmittelbar am Strand in Stellung gegangen. Dreistöckige Transporter, Speziallandungsschiffe, konnten bis etwa 30 Meter an den Strand heranfahren und dort ausladen. Ladefähigkeit etwa 2—3 Kompanien (Aussage eines sich unmittelbar in der Nähe verborgen gehaltenen Feldwebels, der sich später zu den eigenen Linien durchschlagen konnte).

Zu 2.) Der Landekopf befand sich im Stadium der fächerartigen Ausweitung nach Südwesten, Norden, Nordosten und Südwesten.

Zu 3.) a) Aufklärung: 1 Pz.Spähtrupp (Rad) über Velletri auf Nettuno, 1 Pz.Spähtrupp (Halbkette) über Cisterna auf Nettuno.

b) Für den Fall einer Feindlandung hatte die Abteilung die Herauslösung einer Kampfgruppe aus der Küstenverteidigung in folgender Stärke vorbereitet: 5 le. SPW-Gruppen, 1 s.Pak (7,5 cm), 2 Sturmkanonen 7,5 cm. Um 06.00 Uhr wurde die Herauslösung dieser Kampfgruppe befohlen und durch den Abschnitts-Kommandanten um 09.30 Uhr zum Gegenangriff auf Nettuno angesetzt.

2 cm Wagen der 1. Pz.Späh-Kompanie wurden zusammen mit Restteilen der in der Küstenverteidigung eingesetzt gewesenen Infanterie in Gegend Ardea zur Abschirmung des Landekopfes eingesetzt.

Zu 4.) a) Aufklärung.

Die Aufklärungsaufträge konnten erfüllt werden. Die Ergebnisse der auf Nettuno angesetzten Pz.Spähtrupps ergaben mit den Meldungen der in der Küstenverteidigung eingesetzten stehenden Pz.-Spähtrupps ein klares Bild über die Ausdehnung des Landekopfes.

b) Kampf.

Nach Auftreten der Kampfgruppe stellte sich auf Grund der Aufklärungsergebnisse die Feindlage so dar, daß der Abteilung ein Gegenangriff auf Nettuno mit den schwachen Kräften als nicht mehr durchführbar erschien. Zu dieser Zeit war die strategisch wichtige Via Appia durch den auf Cisterna vorstoßenden Feind bereits erheblich gefährdet. Die Kampfgruppe erhielt daher Funkbefehl, in Gegend Isola Bella (4 km südwestlich Cisterna) den feindlichen Vorstoß nach Norden abzuschirmen.

Im weiteren Verlauf der Ausweitung des Landekopfes nach Südosten und nach Wegnahme der Widerstandsnester beiderseits der Asturamündung entschloß sich die Abteilung, den rechten Flügel der 4. Kp. bis in Höhe Borgo Isonzo umzubiegen, um den Vorstoß des Gegners nach Osten abzuschirmen. Dadurch sollte gleichzeitig ein weiteres Aufrollen der Küstenverteidigung verhindert werden. Bei der Durchführung dieser Bewegung und bei einem Gegenstoß entlang der Küstenstraße wurde bereits Feind in Bataillonsstärke mit schweren Waffen festgestellt.

Ebenfalls gelang es im Raum Ardea, den Vorstoß des Gegners nach Nordwesten abzuschirmen.

Die Abschirmung des Landekopfes gelang an allen Stellen. Nachdem der Feind erneut Widerstand gefunden hatte, ging er zur Verteidigung über und fühlte nur noch mit kampfkräftiger Aufklärung vor. Die Ostfront seines Landekopfes begann er bereits in den Nachmittagsstunden des 22. 1. 44 zu verminen.

137

Gruppe Gräser   Gef.St., den 7. 2. 44
                                            09.00 Uhr

Kampfgruppenbefehl
für den Angriff auf Aprilia

(Auszug)

1.) *Feind* hat durch Zerschlagen der 3. Brigade und Teilen der beiden anderen Brigaden der 1. engl. Division einen schweren Rückschlag erlitten, den er z. Zt. durch Heranführen neuer Kräfte von den Landungsstellen auszugleichen sucht.
Mit starken Feindkräften im Raum Aprilia und mit Besetzung der Straße von Aprilia nach Nordosten muß gerechnet werden.
Einzelerkundungsergebnisse werden noch übersandt.

2.) *Gruppe Gräser* setzt sich in nächtlicher Unternehmung unter Ausnutzung des Erfolges nördl. von Aprilia mit Schwerpunkt von Osten aus angreifend in den Besitz von Aprilia, während 715. I.D. (ohne K.Gr.Glöcklen) den Gegner von Norden fesselt, und errichtet neue HKL in allgemeiner Linie Pkt.K 23 (1½ km südl. Staz.Carroceto) — 63 (750 m südostw. Aprilia) — 67 (750 m südl. Wegespinne Pkt. 71) — 65 (4 km nordostw. Aprilia).
Gleichzeitig wird *65. I.D.* Gegner in Staz.Carroceto angreifen und Carroceto gewinnen.
71. I.D. schließt sich mit rechtem Flügel Vorgehen der Gruppe Gräser an.
Der Angriff wird in der Nacht 7./8. 2. durchgeführt. Vormarschweg und Angriffszeiten werden noch auf Grund der eingehenden Aufklärungsergebnisse befohlen.

3. *Kräftegliederung.*
Für den Angriff werden gebildet:
K.Gr. *Schönfeld* (Führer Kdr.G.R. 29, Oberst Schönfeld)
    Truppen: G.R. 29, 3./Pi. 3
K.Gr. *Glöcklen* (Führer Kdr. G.R. 735, Oberst Glöcklen):
    Truppen: G.R. 735, 1./Pi. 3
pp.
4.)—10.) pp.

QUELLENVERZEICHNIS

I. Ausland

1. „Von Teheran bis Rom", Winston S. Churchill
   Scherz & Goverts
2. „Crusade in Europe", Dwight D. Eisenhower
3. „Calculated Risk", General Mark W. Clark
   Harper & Brother
4. „Anzio Beachhead", Hist. Div. Dep. of the Army
5. „Command Missions", A personal Story by Lt. General
   L. K. Truscott, Jr., E. P. Dutton & Co.
6. „Sicily — Salerno — Anzio", History of NSN Operations
   in World War II. Vol. IX
7. „The Battle History of the 1. Armored Division"
   by George F. Hove 1954
8. „The History of Third Inf. Division in World War II"
9. „The Fighting Forty-Fifth", Geschichte der 45. US.-Inf.-
   Division
10. „Airborne Warfare", by Mjr. General James M. Gavin
11. „Staff Officer with the Fifth", by E. F. Ball
12. „My three Years with Eisenhower", by Capt. H. C. Butcher,
    Simon und Schuster
13. „Flag 4", by Dudley Pope, William Kinder, London
14. „Monte Cassino", by Fred Majdalany,
    Paul List Verlag 1958
15. „United States Army in World War II Pictorial Record"
16. Revue de Defense Nationale, Juin 1953:
    „Le Débarquement d'Anzio", Jacques Mordal
17. The war Reports of General George , C. Marshall, General
    H. H. Arnold, Admiral E. J. King, Hippincott Company

II. Deutsch

1. „Geschichte des zweiten Weltkrieges", Kurt v. Tippelskirch
2. „Soldat vom ersten bis zum letzten Tag",
   Feldmarschall Kesselring, No. 1 und 2: Athenäum Verlag
3. Kriegstagebuch des Oberkommandos der Wehrmacht
   1940—1945, Bd. IV 1. Halbband, Bernard & Graefe
4. „Heer in Fesseln", Siegfried Westphal, Athenäum Verlag
5. „Geschichte der 26. Panzer-Division", Georg Staiger
6. „Monte Cassino", Rudolf Böhmler, E. S. Mittler-Verlag
7. Ia- und Ib-Befehle der 3. Panzer-Grenadier-Division
   (Auszugsweise)
8. Studie von General der Panzertruppen a. D. W. Fries:
   „Einsatz der 29. Panzer-Grenadier-Division während des
   deutschen Gegenangriffes zur Beseitigung des Landekopfes
   Anzio-Nettuno im Februar 1944"
9. Aufzeichnungen, Gefechtsberichte und Meldungen der
   715. Infanterie-Division (t.mot.) (unvollständig)
10. Gefechtsbericht II./Panzer-Grenadier-Regiment 71 (mot.)
    vom 22. 1. 1944
11. Der Deutsche Fallschirmjäger, Heft 5 und 6/59
    „Alarm bei Anzio-Nettuno"
12. Studie von Generalmajor Dr. W. Kühn: „Die Artillerie bei
    Anzio-Nettuno"
13. Studie von Generalmajor W. Hauser: „Der Kampf der
    14. Armee bei Anzio-Nettuno bis Anfang Mai 1944"
14. Ausführungen General der Kavallerie S. Westphal zu der
    Studie von Generalmajor W. Hauser
    No. 12—14 sind unveröffentlichte Arbeiten der Historical
    Division

und das Diktat von Versailles — Ausgangslage im Zweiten Weltkrieg — U=Bootskrieg — Der Seekrieg als Helfer des Landkrieges.

Band 13: *Walther Melzer*, General der Inf. a. D.: *Albert=Kanal und Eben=Emael.* — 8⁰, 141 Seiten, 5 Federzeichnungen, 15 Kartenskizzen. Leinen DM 9.80.

Der „Fall Gelb" — Vorbereitende Maßnahmen der Gegenseite — Einsatzbefehle der deutschen Einheiten — Kampfverlauf mit Gefechtsberichten — Der Kampf des Gegners.

Band 14: *Alex Buchner*, Oberleutnant a. D.: *Der deutsche Griechenlandfeldzug.* — Die Operationen der 12. Armee 1941 — 8⁰, 212 Seiten, 8 Federzeichnungen, 15 Karten=, 3 Gliederungsskizzen. Leinen DM 11.70.

Feindaufmarsch — Aufmarsch der 12. Armee — Kampfverlauf — Die Festungslinie fällt — Die Durchbruchsoperation des XXXX. AK — Der Kampf mit dem britischen Expeditionskorps.

Band 15: *Hans Steets*, Generalmajor a. D.: *Gebirgsjäger zwischen Dnjepr und Don / Von Tschernigowka zum Mius* — 8⁰, 159 Seiten, 19 Kartenskizzen, 16 Anlagen. Leinen DM 10.50.
Der Vormarsch auf Stalino — Einbruch in das Industriegebiet — Kampf um den Krynka=Abschnitt — Schlacht von Djakowo — Das Drama von Rostow — Verteidigung am Mius.

Band 16: *Hans Kissel*, Generalmajor a. D.: *Angriff einer Infanterie=Division* — Die 101. le. Inf.=Div. in der Frühjahrsschlacht bei Charkow — Mai 1942 — 8⁰, 144 Seiten, 10 Karten=, 1 Gliederungsskizze, 1 Abbildung. Leinen DM 9.80.

Die Versammlung der Division — Bereitstellung zum Angriff — Der Angriff, 17. Mai — Fortsetzung des Angriffs, 18. Mai — Die Kämpfe zur Gewinnung der Donezlinie, 19. Mai — Die Abschlußlage.

Band 17: *Valdis Redelis*, Obltn. a. D.: *Partisanenkrieg / Entstehung und Bekämpfung der Partisanen= und Untergrundbewegung im Mittelabschnitt der Ostfront 1941 — 1943.* — 8⁰, 152 Seiten, 2 Karten, 9 Textskizzen. Leinen DM 10.50.

Die Untergrund= und Partisanenbewegung — Kampftaktik — Geschichte — Grundgedanken, Taktik und Strategie der Bekämpfung — Einzelerfahrungen — Auswertung.

Band 18: *Alex Buchner*, Oberlt. a. D.: *Narvik — Die Kämpfe der Gruppe Dietl im Frühjahr 1940.* — 8⁰, 205 Seiten, 9 Karten, 1 Abbildung. Leinen DM 11.70.
Der Weg nach Narvik — Kampf um die Südflanke — Abwehrkämpfe im Norden — Großangriff gegen den Abschnitt Narvik — Endsieg.

Band 19: *Hans=Adolf Jacobsen*, Dr.: *Dünkirchen — Ein Beitrag zur Geschichte des Westfeldzuges* — 8⁰, 240 Seiten, 14 Textskizzen, 16 Karten i. Tasche. Leinen DM 14.80.

Aufträge und Aufmarsch — Die Alliierten in Abwehr — Der Entschluß zum Anhalten — Die Schlacht um Dünkirchen — Zusammenfassung — Anmerkungen.

Band 20: *Oskar Munzel*, Generalmajor der Bundeswehr: *Panzer=Taktik* — Raids gepanzerter Verbände im Ostfeldzug 1941=42. — 8⁰, 136 Seiten, 21 Karten i. Tasche. Leinen DM 10.50.

Raid des XXXXVIII. Pz.=Korps zum Schwarzen Meer — Raid des III. Pz.=Korps auf Kiew — Die Umfassungsraids zweier Pz.=Korps zur Schlacht bei Kiew — Raid des XXIV. Pz.=Korps zur Susha und auf Tula — Vorstoß der 1. Pz.=Armee zum Kaukasus — Erfahrungen mit Panzerraids.

Band 21: *Walter Rehm*, Major i. G. a. D.: *Jassy — Schicksal einer Division oder einer Armee?* — 8⁰, 164 Seiten, 8 Karten i. Tasche. Leinen DM 10.50.

Der Weg nach Jassy — Ein Planspiel — Die Wirklichkeit — Die bedrohte Flanke — Ohne Auftrag — Die Versorgungslage — Böse Vorzeichen — 1200 entkamen — Der letzte Angriff — Die operative Bedeutung der Schlacht von Jassy.

Band 22: *F. M. von Senger und Et= terlin,* Dr. Major: *Der Gegenschlag* — Kampfbeispiele und Führungsgrund= sätze der Beweglichen Abwehr — 8⁰, 148 Seiten, 2 Karten, 16 Kartenskiz= zen. Leinen DM 11.70.
Verzögerungskampf und Verzöge= rungstruppen — Verteidigung und Stellungstruppen — Gegenschlag und Eingreiftruppen — Schlußfolgerungen.

Band 23: *Ulrich Liss,* Generalmajor a. D.: *Westfront 1939/40* — Erinnerun= gen des Feindbearbeiters im OHK — 8⁰, 276 Seiten, 12 Karten in Tasche. Leinen DM 16.50.
Die Bearbeitung der Fremden Heere — Die operativen Möglichkeiten der Weststaaten — Der Kriegsausbruch — Drôle de Guerre — Anteil der Feind= nachrichten am Operationsplan — Die Westoffensive — Ergebnis.

Band 24: *Walter Melzer,* General d. Inf. a. D.: *Kampf um die Baltischen Inseln* — 1917 — 1941 — 1944 — Eine Studie zur triphibischen Kampfführ= rung — 8⁰, 197 Seiten, 21 Karten. Lei= nen DM 12.50.
Kampf 1917 — Befreiung von Liv= land und Estland 1918 — Kampf 1941 — Kampf 1944 — Sowjetische Darstel= lung — Kritische Betrachtungen über 1917, 1941, 1944 — Anlagen.

Band 25: *O. W. Förster,* Gen. d. Pioniere a. D.: *Das Befestigungswe= sen* — Rückblicke und Ausblicke — 8⁰, 106 Seiten, 8 Textskizzen, 10 Karten. Leinen DM 11.70.
Rückblick — Der 1. Weltkrieg — Ent= wicklung des deutschen Befestigungs= wesens nach dem 1. Weltkrieg — Lan= desbefestigung im Ausland — Er= fahrungen aus dem 2. Weltkrieg — Landesschutz — Zukünftige deutsche Landesbefestigung.

Band 26: *Hans Pottgießer,* Bundes= bahnoberrat: *Die Deutsche Reichsbahn im Ostfeldzug 1939 — 1944* — 8⁰, 152 Seiten, 25 Abbildungen, 3 Skizzen, 5 Anlagen. Leinen DM 11.70.
Die Ostbahn — Aufmarsch — Betrieb mit primitiven Mitteln — General Winter — Ostbau — Personalfragen — Höchstleistungen — Winterschlacht 1942/43 — Partisanen — Rückzug.

Band 27: *Hans Kissel,* Generalmajor a. D.: *Die Panzerschlachten in der Pußta, Oktober 1944* — Ein Beitrag zum Problem „Beweglich geführte Vertei= digung" und „Verteidigung aus Stel= lungen" — 8⁰, 127 Seiten, 17 Karten, 7 Anlagen. Leinen DM 12.50.
Lage — Folgerung der Heeresgruppe Süd — Angriff und Raid der 23. Pz. Div. — Die Schlacht um den Besitz d. ungarischen Tiefebene — Hinhaltender Kampf — Die Schlacht bei Nyiregy= haza.

Band 28: *Wolfgang Lange,* General= leutnant a. D.: *Korpsabteilung C* vom Dnjeper bis nach Polen — November 1943 bis Juli 1944 — 8⁰, 144 Seiten, 1 Glieder=, 4 Kartenskizzen. Leinen DM 12.50.
Ausgangslage — Rückzugskämpfe vom Dnjepr bis Korosten — Rückzug von Korosten bis zum Horyn — Kämpfe im Raum Rowno — Rückzug auf Bro= dy — Die zweite Kesselschlacht im Raum Brody.

Band 29: *Walter Chales de Beaulieu,* Generalleutnant a. D.: *Der Vorstoß der Panzergruppe 4 auf Leningrad, 1941* — 8⁰, 184 Seiten, 3 Zeichnungen, 10 Karten in der Tasche. Leinen DM 12.50.
Vorbereitung — Aufmarsch — Sprung zur Düna — Ansatz auf Leningrad — Panzergruppe wird gestoppt — Erneu= ter Vorstoß — Der Angriff — Konnte Leningrad genommen werden?

Band 30: *Horst Scheibert,* Major: *Zwischen Don und Donez, Winter 1942/43* — 8⁰, 156 Seiten, 28 Karten= skizzen, 3 Karten i. Tasche. Leinen DM 14.80.
Ausgangslage — Erste russische Of= fensive (19. 11. 42) — Zweite russische Offensive (16. 12.) — Die Kämpfe der 6. Pz. Div. — Der Kampf um Nowo Marjewka — Rückblick und Ausschau.

Band 31: *Paul W. Zieb,* Konteradmi= ral (Ing.) a. D.: *Logistische Probleme der Kriegsmarine* — 8⁰, 150 Seiten, 6 Karten und Skizzen. Leinen DM 11.70.
Nachschub=Logistik der Kaiserlichen Marine — Logistische Maßnahmen der Kriegsmarine im 2. Weltkrieg — Lo= gistische Probleme des Flottenbaues nach 1933.

Kriegsgeschichte

Heinz Guderian, Generaloberst †
Erinnerungen eines Soldaten — 5. Auflage 1962,
    Großformat, 464 Seiten, 37 Karten,
    23 Abbildungen, Leinen . . . . DM 22.50

Die 1. Kavallerie/24. Panzer-Division

    Von F. M. von Senger und Etterlin
    Großformat, ca. 300 S. Text, 22 Karten,
    24 Bildtafeln, Leinen . . . . DM 28.—

Kriegsschauplatz Kroatien — Die deutsch-kroatischen Legions-
    divisionen, ihre Ausbildungs- und Ersatzformationen:
    369., 373., 392. Inf.-Div. (kroat.) —
    Von F. Schraml
    Großformat, ca. 300 S. Text, 16 Bildtafeln,
    ca. 30 Karten, Leinen . . . . . . DM 28.—

Friedens- und Kriegserlebnisse einer Generation — Ein Kapitel
    Weltgeschichte aus der Sicht der *Pz.-Jg.-Abt. 38 (SF)*
    in der ehemaligen 2. (Wiener) Panzerdivision —
    Von Franz Josef Strauß
    Großformat, 255 Seiten, 141 Abbildungen,
    39 Karten, Halbleinen . . . . DM 28.—

KURT VOWINCKEL VERLAG
Neckargemünd